DES

OPÉRATIONS

DE BOURSE.

—

ÉTUDE

DE DROIT COMMERCIAL,

Par A. FREMERY,

AVOCAT.

A PARIS,

Chez ALEX. GOBELET, rue Soufflot, N°. 4,
près l'École de Droit;

Et chez REMOISSENET, place du Louvre, N°. 20.

JANVIER 1833.

PARIS. — IMPRIMERIE ET FONDERIE DE FAIN,
RUE RACINE, N. 4, PLACE DE L'ODÉON.

A MONSIEUR

MONSIEUR VANDERMARQ,

SYNDIC DE LA COMPAGNIE DES AGENS DE CHANGE.

Monsieur,

Ceci n'est qu'un fragment d'études un peu plus générales que je me propose de soumettre bientôt au jugement du public. Tous mes efforts, dans ces études, ont eu pour but de retrouver les sources du droit commercial, que le temps a couvertes d'un profond oubli. A chaque pas que j'ai fait dans ces intéressantes recherches, j'ai acquis la conviction que le droit commercial n'a point été créé par des lois ; il n'a pas d'autre source que la coutume des commerçans. C'est du douzième au seizième siècle que cette coutume s'est formée, et c'est du sol si fécond de l'Italie, qu'est sorti le germe de ces contrats jusqu'alors inconnus, que les Italiens ont rapidement développés, et dont ils ont répandu la pratique chez les autres peuples de l'Europe.

Sans l'intervention, et j'oserai dire à l'abri des légistes, la coutume commerciale s'est successivement enrichie, comme par une sorte d'alluvion, des rapports nouveaux que l'intérêt de l'industrie créait et accumulait pour faciliter les opérations des commerçans. C'est là qu'est le droit commercial dans toute sa pureté ; et quand, vers la fin du seizième siècle, les divers gouvernemens sont intervenus et ont promulgué des lois sur les contrats des commerçans, ils n'ont rien perfectionné ; ils ont arrêté le progrès de la coutume et, avec leurs décisions contradictoires, ils ont brisé l'unité qui est la nature, et qui était le caractère du droit commercial.

Jusque-là, en effet, et pendant cette période d'environ quatre siècles, les commerçans, appartenant comme citoyens à divers états, for-

le taux courant pour les commerçans eux-
mêmes; puis, quand le temps de la restitution
maient, comme commerçans, une société à
part, homogène, en dehors, quant aux affaires
commerciales, des sociétés politiques, et régie
par des principes communs qui s'établissaient
peu à peu sur la base de l'assentiment général.

Comme il arrive toujours, la société commerciale a grandi, sans que les sociétés, au milieu
desquelles elle se produisait, démêlassent son
caractère; et bien que ce fussent des commerçans
qui, au douzième siècle, fondaient la liberté en
Italie et secouaient le joug de l'Empire, on ne
vit pas qu'ils tiraient du commerce leur audace,
leur activité et leur force.

Ce fut à d'autres blessures que la société d'a-
lors reconnut leur existence; et il semble qu'elle
pressentit, dès ce moment, que ces commerçans,
qui se recrutaient dans les masses, tendaient
à déplacer l'influence qui gouvernait l'ordre
politique.

Matthieu Pâris nous a retracé les impressions
qu'éprouva cette société, c'est-à-dire le clergé et
la noblesse, aussitôt qu'elle se sentit froissée par
cette puissance de fait qui gagnait insensible-
ment du terrain. Les prélats et les seigneurs se
livraient avec passion aux plus folles dépenses;
ils empruntaient à des intérêts qui sembleraient
aujourd'hui fort élevés, mais qui étaient alors

arrivait, ils s'indignaient que le créancier dirigeât contre eux des poursuites, que leurs domaines même se trouvassent engagés, et qu'un *changeur* pût les déposséder :

« En cette année, 1235, les Caursins, Juifs
» et Lombards avaient étendu au dernier point
» le fléau de leurs usures. A peine se trouvait-il
» en Angleterre un homme (c'est-à-dire un sei-
» gneur), et surtout un prélat, qui ne fût pas
» pris dans leurs lacs. Le roi lui-même était grevé
» envers eux d'une dette énorme! Voici par quels
» artifices cette gent détestable enchaînait ses
débiteurs (1). » Et l'auteur donne le texte d'un acte fort simple où le prieur d'un couvent s'oblige, en engageant tous ses biens, même immeubles, et ceux de sa communauté, à rendre à une époque fixe une somme que des commerçans établis à Londres lui ont prêtée, sinon à payer des dommages-intérêts pour le retard (attendu que le prêt à intérêt était alors interdit).

En France, en Normandie, en Aquitaine, la noblesse et le clergé agissaient et se plaignaient de même.

Au dix-septième siècle, ces dispositions, perpétuées et enrichies de traditions haineuses, trouvaient encore des organes qui s'exprimaient

----

(1) Matth. Pâris, éd. de Londres, 1571, p. 559.

en termes assez curieux : « Les polices d'asseu-
» rance et les lettres de change furent méconnues
» à l'ancienne jurisprudence romaine , et sont de
» l'invention posthume des Juifs. Quand ces abo-
» minables retaillés furent, pour leurs méfaits et
» leurs crimes exécrables, bannis de France et
» leurs bien sconfisqués , sous les règnes des rois
» Dagobert, Philippe-Auguste et Philippe le Long,
» pour retirer leurs commodités et leur pécune
» qu'ils avaient consigné ou recelé, avant partir,
» entre les mains de leurs confidens , la nécessité
» apprit ces malicieux infâmes de se servir de let-
» tres secrètes, et de billets escrits en peu de pa-
» roles et de substance , comme sont encore les
» lettres de change, adressées à ceux qui avaient
» recellé, et leur faisaient la main; ce qu'ils prati-
» quèrent par le ministère des voyageurs et des
» marchands estrangers. »

» Pour retirer leurs meubles , leur marchan-
» dise, et leurs autres effets, toujours à la
» juifve , et aux risques et périls de ceux qui
» leur rendaient ce bon office , la méfiance leur
» suggéra l'invention de quelque rude commen-
» cement des polices d'asseurance, par lesquelles
» tous les risques et dangers du voyage tom-
» baient sur ceux qui les avaient asseurés moyen-
» nant un prix modéré, qu'on nomme à présent
» *primeur* ou *prime*, de sorte que les lettres de
» change et les polices d'asseurance sont juifves
» de naissance, de même invention et no-

» mination : Polizza di cambio, polizza di sicu-
» ranza (1).»

Ces haines n'étaient pas sans fondement; la société religieuse et militaire se sentait affaiblir par l'influence croissante de la société commerciale; la puissance des richesses l'abandonnait, non-seulement par l'effet de ses profusions, mais surtout par la création de richesses nouvelles, les richesses de l'industrie.

Vainement ces deux sociétés ont-elles voulu se rapprocher, il semble qu'il y ait dans leurs conditions d'existence une opposition qui a détruit l'effet des sincères efforts tentés de part et d'autre, depuis plus d'un siècle, pour consolider leur union. La société industrielle, fondée sur l'égalité, a succédé au pouvoir, depuis long-temps ébranlé, de la société hiérarchique du clergé et de la noblesse; une attaque directe contre les *patentés* a montré, en 1830, où réside aujourd'hui toute la force sociale.

En effet, toutes les institutions de la société précédente tendaient au classement, à l'immobilité, aux propriétés inaliénables, comme les signes certains de l'ordre et de la durée.

Au contraire, la société industrielle cherche l'ordre et la vie dans les combinaisons les plus variées pour créer des besoins sans cesse renouvelés, et des moyens d'y satisfaire; dans son sein une idée nouvelle est le principe d'une fortune

----

(1) Cleirac; Sur l'art. 1er. du Guidon de la mer.

nouvelle ; la circulation la plus active de toutes les valeurs est son but ; c'est un fleuve qui doit couler avec une inépuisable abondance, et fournir aux irrigations que sollicite le travail d'une production perpétuelle.

L'illustre chef d'une opposition de quinze années, M. Casimir Périer, proposait, en 1825, un prix de 15,000 fr. au meilleur mémoire sur le projet d'un régime hypothécaire. Quelle était la donnée du problème ? faire que l'hypothèque offrît au prêteur une garantie tellement sûre, et une facilité de réalisation si bien dégagée d'entraves, que le propriétaire d'immeubles pût toujours livrer à l'industrie le capital représentatif de son bien ; le recouvrer bientôt, puis le prêter encore, sans difficultés et sans frais.

Ainsi les institutions créées par la coutume commerciale sont les véritables *précédens* de la société industrielle. Les commerçans du moyen âge sont ses aïeux ; ils ont jeté les fondemens ; et les efforts des commerçans modernes n'ont fait que continuer et suivre l'œuvre déjà commencée.

Les principaux rouages de la société industrielle sont les associations, les lettres de change, les assurances, les banques. Il lui fallait de grands marchés d'argent et de matières premières ; elle les a placés dans l'antique établissement des foires en Champagne, à Lyon, en Allemagne, en Italie. Aux foires ont succédé les bourses de commerce, et d'abord la bourse d'Amsterdam ; puis, de nos jours, les bourses de Londres, de Paris et des autres grandes villes.

Toutes ces institutions, telles que la coutume et non la loi, les a organisées, ont fondé et assurent encore l'indépendance de l'industrie, unique ressource que la société puisse offrir à la pauvreté laborieuse.

Les notions qui démontrent cette vérité sont peu répandues. A peine l'empire de la coutume nous a-t-il dégagés des préventions (1) déposées dans la législation de l'ancienne société ; les représentans de ces idées sont nombreux encore, et leurs erreurs sont protégées par l'estime qu'inspire la droiture de leurs sentimens.

Ce n'est pas à moi, monsieur, qu'il appartient de développer ces notions, et de rendre palpable, à l'aide de faits et d'observations pratiques, le lien intime qui rattache toutes les entreprises industrielles au système de la Bourse. Par les efforts que je viens de tenter pour placer ici cette belle question sous le jour que je crois vrai, je n'ai voulu que la recommander davantage à l'attention, aux méditations même des hommes versés, par leur profession et leurs études, dans la connaissance de ces grands intérêts.

Pour moi, monsieur, à l'occasion d'une proposition récente qui semble indiquer une tendance des esprits à s'occuper de ce sujet, je

---

(1) Voyez ci-après page 9 à la note.

me hasarde à publier un fragment où j'ai consigné les observations qu'une étude conscien-
cieuse du droit m'a suggérées.

En vous en offrant le premier hommage, je
n'ai pu craindre, monsieur, d'être accusé de
rechercher l'approbation d'une partie intéressée;
plaignons ceux qui ne comprendraient pas
que d'une étude suivie avec ardeur, naît l'amour
de la vérité, et que ce sentiment domine tous
les autres.

Dans ces dispositions, qui sont aussi les
vôtres, je vous prie de recevoir l'assurance
de la considération distinguée, avec laquelle
je suis,

Monsieur,

Votre très-humble et
très-obéissant serviteur,

A. FREMERY.

DES OPÉRATIONS

DE BOURSE.

§ 1er. De la législation sur les opérations de Bourse.

Dès sa naissance, la Coutume commerciale a séparé les commerçans en deux branches distinctes ; ceux qui se livraient au commerce d'argent, qu'elle appela *changeurs*, et ensuite *banquiers*, et les négocians qui se livraient au commerce de marchandises.

Le fond des opérations du négociant consiste soit à faire arriver les denrées ou les matières premières du lieu de production au lieu où elles doivent être consommées, comme le sucre et le café, ou mises en œuvre, comme le coton et l'indigo ; soit à transporter les produits de l'industrie du pays de fabrique à un pays de consommation.

Le fond des opérations du banquier consiste à fournir au négociant les monnaies dont il a besoin en pays éloigné pour y payer les marchandises qu'il y achète, ou à faire revenir et à remettre au négociant, en monnaies de son pays, le prix des marchandises qu'il a vendues dans des contrées étrangères.

Mais, par suite des variations que l'abondance ou la rareté font éprouver au prix des marchandises et au prix des monnaies à livrer en pays étranger, à côté de ces opérations commerciales, il s'en est élevé d'autres qui ont procuré quelquefois, au commerçant qui les a tentées, de grands bénéfices. Ainsi un négociant juge que, d'après l'apparence de la récolte, d'après la consommation des produits manufacturés, et d'autres données encore, le prix des cotons en laine doit éprouver, dans l'espace de quelques mois, une hausse considérable : il achète une certaine quantité de balles de coton avec l'intention d'attendre, pour la vente, la hausse sur laquelle il a compté. Un banquier, en 1814, juge que la paix générale et la reprise des affaires doivent occasioner une grande amélioration dans le prix des *livres sterling* qui sont tombées à Paris jusqu'à 18 fr. ; il achète des lettres de change sur Londres, et, peu de temps après, le prix de la *livre sterling* remontant à 24 ou 25 fr., ce banquier revend les lettres-de-change qu'il avait achetées et réalise un bénéfice de 6 ou 7 fr. par livre sterling. Cette sorte d'opérations est désignée sous le nom de *spéculation* ; le spéculateur, en prévoyance d'un événement futur, achète pour revendre au même lieu.

Enfin, le spéculateur ne se borne pas toujours à attendre l'événement dont l'espoir sert de base à sa spéculation ; quelquefois il cherche à accélérer la hausse trop tardive, ou à produire une hausse que les événemens n'amènent point, ou à exagérer celle que les circonstances ont produite : alors il se livre à des opérations secondaires à l'appui de sa spéculation principale. Ainsi on voit le négociant ou le banquier faire acheter avec adresse des quantités peu considérables avec une hausse progressive, dans le but d'établir un prix courant à l'aide duquel ils revendent les quantités considérables de marchandises ou de lettres de change qu'ils avaient achetées par spéculation ; on les voit même vendre à des prix qui annoncent un mouvement de hausse fort prononcé, mais la vente n'est que *simulée*, c'est-à-dire, qu'elle est faite à un acheteur apparent, et que le spéculateur reste propriétaire de la chose et prêt à profiter de la hausse factice qu'il a essayé de produire, pour vendre ou faire vendre réellement les marchandises ou les effets sur lesquels il a spéculé.

Les spéculations, et les opérations secondaires faites pour les soutenir, se compliquent, en outre, d'une manière de traiter qui est empruntée également ment aux opérations vraiment commerciales ; qui en a la forme et qui n'en diffère que par le but que se proposent les parties ou l'une d'elles. Souvent il arrive qu'un commerçant prudent, avant de faire venir une marchandise d'un pays étranger, veut s'assurer qu'il en aura le placement ; et, s'il trouve acheteur, il vend à l'avance, avec obligation de la livrer dans un certain délai, la marchandise qu'il n'a point encore achetée, mais qu'il est bien sûr de se procurer au pays de production ; souvent l'acheteur lui-même a cherché à faire un marché de cette nature afin de s'assurer la provision d'un objet dont il a le débit.

Mais, à l'imitation de cette opération toute commerciale, le spéculateur, qui prévoit de la baisse sur une marchandise, vend, avec obligation de livrer à terme, une certaine quantité de cette sorte de marchandise; s'il a bien jugé les événemens, il achète, au moment où il doit livrer, la quantité qu'il a vendue et il la paye un prix moindre que le prix auquel il l'a achetée.

Le spéculateur à la hausse achète livrable comptant ou à terme; le spéculateur à la baisse ne peut que vendre à terme; or, supposez qu'ils se rencontrent, et que le premier achète du second, livrable à un terme convenu, une certaine quantité des effets sur lesquels ils spéculent : si chacun d'eux sait que celui avec qui il traite n'achète ou ne vend que par spéculation, cette connaissance respective pourra amener entre eux une convention, expresse ou tacite, qui aura encore un caractère particulier. Comme le spéculateur à la baisse, qui a vendu, bien loin d'être actuellement propriétaire des effets qu'il a vendus, n'a opéré qu'avec l'intention de les acheter, au moment de l'échéance du marché, à un prix inférieur alors à celui auquel il a vendu précédemment, afin de profiter de la différence; comme, de l'autre part, le spéculateur à la hausse aura souvent acheté des quantités dont le payement excède ses moyens, et que son opération consiste à se ménager un terme afin de pouvoir, dans l'intervalle, revendre en hausse au même terme, en sorte que le prix qu'il recevra de son acquéreur serve aussitôt à payer le spéculateur de qui il avait acheté, sauf la différence qui reste entre ses mains et forme son bénéfice; il arrive naturellement que les deux spéculateurs dont, en définitive, l'opération se résout en une différence que chacun d'eux espère gagner, peuvent aller droit au but et tomber d'accord que, liquidant eux-mêmes leurs opérations, et s'épargnant ainsi l'embarras, l'un d'acheter ce qu'il a vendu sans l'avoir, l'autre de vendre ce qu'il a acheté et ne pourrait payer, le prix courant du jour de l'échéance de leur marché servira de régulateur à leur liquidation. Le vendeur qui a spéculé à la baisse, sera censé racheter à ce prix, de l'acheteur qui a spéculé à la hausse, la même quantité d'effets que celle qu'il lui a vendue, et les deux marchés se compenseront, sauf la différence entre le prix du premier marché et le prix du second, différence qui est un bénéfice dû au vendeur primitif, s'il y a eu baisse; et qui, au contraire, s'il y a eu hausse, est un bénéfice pour l'acheteur primitif.

C'est ainsi qu'entre deux spéculateurs, les spéculations, dont l'une est à la hausse et l'autre est à la baisse, se résolvent souvent, dès l'origine même et d'un commun accord, en une simple promesse de payement de *différence*.

C'est cette manière d'opérer que l'on a désignée sous le nom de *marchés fictifs* ou *jeux de bourse*.

Que si les événemens ne tournent point comme l'avait prévu l'un ou l'autre des spéculateurs, souvent alors l'un d'eux, ou tous deux même, tentent par des opérations secondaires, l'un de produire ou de précipiter la baisse, l'autre de créer ou de soutenir la hausse.

La plus simple des opérations dont le succès est fondé sur ces opérations secondaires qui tendent à créer des cours factices, est celle que l'on connaît sous le nom d'*accaparement*.

L'*accapareur* fait acheter successivement pour son compte, par beaucoup de commissionnaires différens, la totalité de ce qui existe en vente d'une certaine marchandise, mais en même temps il a eu soin d'en acheter à terme une très-forte quantité ; à l'échéance de ces marchés à terme, il est en réalité, et quoique cela se trouve dissimulé par de nombreux prête-noms, le maître absolu du cours de la marchandise qu'il a accaparée ; et quand ceux de qui il a acheté, veulent acheter à leur tour pour livrer ce qu'ils ont vendu sans le posséder, c'est l'*accapareur* lui-même qui, par ses agens, le leur vend à un prix bien supérieur à celui auquel ils ont vendu ; en sorte qu'il gouverne et modère leur perte afin d'éviter de ruiner trop complétement ses vendeurs, dont le désastre, s'il venait à éclater avec trop de scandale, pourrait découvrir la nature de la spéculation et en compromettre le succès.

Pour que la spéculation par *accaparement* soit possible, il faut que l'objet qu'il s'agit d'accaparer ne soit point , par sa valeur , au-dessus des forces du spéculateur. Aussi , comme les actions des compagnies, ou les titres négociables de diverses autres créances dues par des établissemens publics , sont généralement d'une quantité assez limitée , c'est sur cette sorte d'objets , dépendant d'ailleurs par leur nature du commerce de banque , que se sont d'abord établies les spéculations par *accaparement.*

Ces notions suffisent pour que l'on reconnaisse trois caractères bien tranchés aux diverses opérations dont le mouvement des affaires a présenté l'exemple.

Eu premier lieu , il y a les opérations vraiment commerciales avec leur pureté primitive; si elles servent l'intérêt particulier, elles servent aussi l'intérêt général : l'état prospère par les importations, par les manufactures , et par les exportations; sa force est dans le travail et la circulation.

En second lieu , il y a les opérations de pure spéculation ; elles ont pour but de servir l'intérêt particulier du spéculateur ; mais elles ne sont , par leur nature , d'aucune utilité pour l'intérêt général ; il n'importe en rien à l'état que le bénéfice qui peut résulter de la variation des cours soit recueilli par le propriétaire actuel ou par un autre.

Enfin , en troisième lieu , il y a les opérations secondaires , réelles ou simulées , mais dont le but véritable est toujours déguisé , qui ne sont faites, uniquement, que pour influer sur le prix courant de l'objet qui en est l'aliment, et créer une hausse ou une baisse factice, selon les besoins du spéculateur. Ces opérations, qui peuvent servir l'intérêt particulier du spéculateur, nuisent à l'intérêt général, car elles troublent le cours naturel des prix de l'objet dont la spéculation s'est emparée, et elles déconcertent les entreprises prudentes et mesurées de ceux qui font sur ce même objet des opérations purement commerciales.

C'est cette troisième sorte d'opérations que, dans le commerce de banque, on a désignée sous le nom d'*agiotage*. *L'agioteur* est celui qui, pour s'assurer du bénéfice dans une spéculation, combine accessoirement des opérations dont l'unique but est de maîtriser les cours et de les pousser à la hausse ou à la baisse.

Or, s'il arrive que la spéculation et l'agiotage s'attachent à des effets dont le cours soit un indice du crédit du gouvernement, il ne faut pas s'étonner si ceux qui en tiennent les rênes s'arment de toute leur puissance contre des opérations qui les atteignent et les blessent.

Tel est le fondement des lois qui ont été faites pour restreindre aux opérations purement commerciales, ou du moins aux spéculations à la hausse seulement, les marchés sur une certaine sorte d'effets. Cette législation, en effet, ne s'est occupée que des opérations sur les *effets publics* ou créances négociables dont le titre est émis soit par l'état, soit par des compagnies qui n'existent qu'avec l'autorisation du gouvernement; parce que le crédit de l'état se trouve lié en général aux cours de ces diverses valeurs ; tandis qu'elle n'a point étendu ses restrictions au commerce des lettres de change et des espèces métalliques, non plus qu'au commerce de marchandises, quand les opérations de même nature sur ces objets, n'inquiétaient point le gouvernement pour son crédit et ne compromettaient que les fortunes particulières.

Tout le système de la législation française sur cette matière a été fondé par l'arrêt du conseil du 24 septembre 1724 (1). Il est contenu dans les articles suivans :

---

(1) Le premier cri d'alarme jeté par le gouvernement contre les spéculations sur les effets publics, se trouve dans l'édit du mois de mars 1716 : le préambule énonce que, conformément aux anciens usages, il est établi une chambre de justice pour la recherche et la punition des abus et délits commis dans les finances ; il signale les traitans et gens d'affaires qui se sont rendus coupables d'exactions ; les officiers comptables qui ont commis le crime de péculat ou concussion ; et, de plus, « une autre espèce de gens *auparavant inconnus*, qui ont exercé des *usures* énormes en faisant *un commerce continuel* des assignations, billets et rescriptions des trésoriers, receveurs et fermiers généraux. » Puis il rappelle que « la peine de confiscation de corps et de biens a été prononcée contre les *usuriers*, par les ordonnances de 1311, de 1349, de 1545 et de 1579, » et ajoute que « l'exécution de ces lois et de ces ordonnances n'a jamais été plus nécessaire que dans un temps où les crimes qu'elles condamnent ont été portés au dernier excès, et ont causé la ruine presqu'entière de tous les ordres de notre royaume. » (*Voyez* Anciennes lois françaises, t. 21, p. 80.) Toutes les combinaisons appelées *spéculations de bourse*, qui paraissaient nouvelles en France, étaient depuis long-temps connues et pratiquées, par tous les commerçans d'Amsterdam, sur toute espèce de marchandises, et c'est de là qu'on a tiré le mode d'opérer, de liquider, et la plupart des dénominations aujourd'hui usitées :

Art. 17. « Sa majesté *permet* à tous marchands,
» négocians, banquiers et autres qui seront admis
» à la bourse, de négocier entre eux les lettres de
» change, billets au porteur ou à ordre, ainsi que
» les marchandises, sans l'entremise des agens de
» change ; et à l'égard de tous les autres effets et
» papiers commerçables, *pour en détruire les ventes*
» *simulées qui en ont causé jusqu'à présent le dis-*
» *crédit*, ils ne pourront être négociés que par l'en-
» tremise des agens de change, *de la manière et*
» *ainsi qu'il sera ci-après expliqué*, à peine de
» prison contre ceux qui en feront le commerce,
» et de six mille livres d'amende payable par corps,
» dont la moitié appartiendra au dénonciateur, et
» l'autre à l'hôpital général, laquelle ne pourra être
» remise ni modérée.... »

Art. 18. « Toutes négociations de papiers com-
» merçables et effets, faites sans le ministère d'un
» agent de change, seront déclarées nulles en cas
» de contestation ; faisant Sa Majesté défenses à
» tous huissiers et sergens de donner aucune assi-
» gnation sur icelles, à peine d'interdiction et de
» trois cents livres d'amende, et à tous juges de pro-
» noncer aucun jugement, à peine de nullité desdits
» jugemens. »

---

ainsi, dans les *marchés à terme*, on distinguait à Amsterdam les
marchés à prime ou *à option*, ou *marchés libres*, c'est-à-dire, le marché
dans lequel une des parties payait comptant une somme appelée
prime, pour avoir la faculté de renoncer au marché, et les *marchés*
fermes, où cette faculté n'était point stipulée. (Ricard, Négoce
d'Amsterdam, chap. 6.)

Art. 26. « Ils (les agens de change) tiendront
» chacun un registre-journal qui sera coté et pa-
» raphé par les juges et consuls de la ville de Paris,
» sur lequel Sa Majesté leur enjoint de garder une
» note exacte des lettres de change, billets et autres
» papiers commerçables, et des marchandises et
» effets qui seront par eux négociés, sans y enre-
» gistrer aucuns noms, mais en distinguant chaque
» partie par une suite de numéros, et de délivrer à
» ceux qui les emploîront un certificat signé d'eux
» de chaque négociation qu'ils feront, lequel certi-
» ficat portera le même numéro, et sera timbré
» du folio où la partie aura été inscrite sur leur re-
» gistre. »

Art. 28. « Lorsque les négociations de lettres de
» change, billets au porteur ou à ordre, et des
» marchandises, seront faites à la Bourse par le
» ministère des agens de change, le même agent
» pourra servir au tireur et au preneur des lettres
» ou billets, et au vendeur et à l'acheteur des
» marchandises. »

Art. 29. « A l'égard des négociations de papiers
» commerçables et autres effets, *elles seront tou-*
» *jours faites par le ministère de deux agens de*
» *change,* à l'effet de quoi les particuliers qui vou-
» dront acheter ou vendre des papiers commer-
» çables et autres effets, remettront l'argent ou les
» effets aux agens de change avant l'heure de la
» Bourse, sur leurs reconnaissances portant pro-
» messe de leur en rendre compte dans le jour; et

» ne pourront néanmoins lesdits agens de change
» porter ni recevoir aucuns effets ni argent à la
» Bourse, ni faire leurs négociations autrement
» qu'en la forme ci-après marquée ; le tout à peine,
» contre les agens de change qui contreviendront
» au contenu au présent article, de destitution et
» de trois mille livres d'amende payable par corps,
» dont la moitié appartiendra au dénonciateur, et
» l'autre moitié à l'hôpital général. »

Art. 3o. « Lorsque deux agens de change seront
» d'accord à la Bourse d'une négociation, ils se don-
» neront réciproquement leurs billets portant pro-
» messe de se fournir dans le jour, savoir : par l'un
» les effets négociés, et par l'autre le prix desdits
» effets, et non-seulement chaque billet sera timbré
» du même numéro sous lequel la négociation sera
» inscrite sur le registre de l'agent de change qui
» fera le billet, mais encore il rappellera le numéro
» du billet fourni par l'autre agent de change, afin
» que l'un serve de renseignement et de contrôle à
» l'autre, lesquels billets seront régulièrement ac-
» quittés de part et d'autre dans le jour, à peine d'y
» être contraints par corps, même poursuivis ex-
» traordinairement en cas de divertissement de
» deniers ou effets. »

Art. 31. « Les agens de change seront pareille-
» ment tenus, en consommant leurs négociations
» avec ceux qui les auront employés, de leur repré-
» senter le billet au dos duquel sera l'acquit de l'a-
» gent de change avec qui la négociation aura été

» faite, et de rappeler dans le certificat qu'ils en
» délivreront, conformément à l'art. 26, le nom dudit
» agent de change et les deux numéros du billet,
» aussi bien que la nature et la quantité des effets
» vendus ou achetés, et le prix desdits effets. »

Art. 36. « Les agens de change ne pourront
» nommer dans aucun cas les personnes qui les au-
» ront chargés de négociations, auxquels ils seront
» tenus de garder un secret inviolable, et de les
» servir avec fidélité dans toutes les circonstances de
» leurs négociations, soit pour la nature et la qualité
» des effets, ou pour le prix d'iceux ; et ceux qui
» seront convaincus de prévarication, seront con-
» damnés de réparer le tort qu'ils auront fait, et en
» outre aux peines portées par l'art. 29. »

Le mécanisme conçu par le législateur réside
1°. dans la nécessité qu'il impose aux parties de se servir du ministère de deux agens de change (art. 29)
tenus de garder un secret inviolable (art. 36), en
sorte que, les intermédiaires prenant respectivement la place des contractans, ceux-ci demeurent
étrangers et inconnus l'un à l'autre ; 2°. dans l'obligation qu'il impose aux agens de change de ne vendre et de n'acheter qu'étant nantis de la chose ou
du prix (art. 29), et de tenir des registres et délivrer
des billets et des certificats de négociation (art. 29
et 30) à l'aide desquels l'objet vendu est spécifié, et
peut être suivi des mains de l'agent vendeur jusque
dans celles de l'agent acheteur.

Par ces moyens, nulle vente ne peut être faite

autrement qu'au comptant (1); ainsi se trouvent prévenues et empêchées les spéculations à la baisse qui ne sont possibles qu'au moyen d'une vente à terme, puisqu'elles consistent à vendre d'abord, dans la prévision que l'on pourra acheter plus tard à meilleur marché.

Par là aussi se trouvent exclues les opérations secondaires et simulées, que le spéculateur soit à la hausse soit à la baisse fait par l'entremise de prête-noms, en achetant ou vendant à lui-même, dans le but de créer un cours factice et d'imprimer un mouvement qui favorise sa spéculation; car l'agent vendeur devant négocier le titre à un autre agent sans savoir pour qui cet autre agent opère, il pourrait arriver que la vente en fût faite à tout autre acquéreur qu'à un agent du spéculateur et qu'il eût vendu en pure perte, s'il avait vendu en baisse.

Ainsi l'arrêt du conseil, s'il eût été observé, parvenait d'une manière certaine au but qu'il s'était proposé; il élevait un obstacle invincible contre les manœuvres tendant à opérer de la baisse, et il laissait subsister les spéculations à la hausse, qui

---

(1) On entend, en général, par *vente au comptant*, la vente qui est *payable comptant*; mais, quand il s'agit de spéculations de Bourse, on entend par *vente au comptant* celle dont la *livraison* doit être faite sans délai, par opposition avec la *vente* ou *marché à terme*, c'est-à-dire dont la livraison peut ne se faire qu'à un terme convenu au profit de l'acheteur : mais, dans l'un et l'autre cas, la vente est *payable* comptant, il n'est point d'usage d'accorder terme pour le payement d'une vente d'effets publics.

peuvent se faire par des achats au comptant, mais en les dégageant des opérations secondaires conçues dans le but d'aider à la spéculation et d'influer sur les cours.

Mais on ne se ferait point une juste idée du caractère des arrêts du conseil, des édits et des ordonnances, sous l'ancienne monarchie, si l'on perdait de vue que les injonctions, les prohibitions et les peines qui y étaient contenues, n'avaient d'autre effet que de conférer, de par l'autorité souveraine, aux magistrats du royaume, la faculté d'appliquer ces diverses dispositions quand cela leur paraîtrait équitable; ce n'était point une loi qui liât le juge lui-même, et qu'il fût contraint d'observer. C'est de là que dérivait l'inobservation si fréquente de nombreuses ordonnances, et c'est par cette raison que l'on voit des édits successifs reproduire souvent les mêmes dispositions, ce qui ne les empêchait point de tomber dans une entière désuétude (1).

Tel fut le sort de l'arrêt du conseil du 24 septembre 1724; les spéculations sur les effets publics se renouvelèrent toutes les fois que les circonstances furent de nature à y donner aliment.

Il resta néanmoins de cet arrêt le principe du

---

(1) Il était passé en jurisprudence que toute disposition pénale était *comminatoire*, c'est-à-dire, une simple menace que le juge pouvait modérer ou ne point prononcer (*Voyez Denisart*, v°. *comminatoire*); c'est en souvenir de cet ancien droit que l'art. 1029 du Code de proc. civ. porte : « Aucune des nullités, amendes et déchéances prononcées dans le présent Code n'est *comminatoire*. »

secret imposé aux agens de change, lequel était déjà consacré par une coutume antérieure (1), et l'habitude, conforme à ce principe, de séparer l'acheteur du vendeur, et d'opérer les négociations d'effets publics par le ministère de deux agens de change (2).

Mais, vers 1785, une lutte s'engagea entre les spéculateurs sur les effets publics et le contrôleur général des finances, M. de Calonne. Après avoir sacrifié des sommes énormes pour soutenir les cours, le ministre fut vaincu (3). Ce fut alors qu'il fit rendre ces arrêts du conseil, dirigés, comme l'arrêt de 1724, contre les spéculations à la baisse.

Le premier est du 7 août 1785; le préambule énonce que, pour remédier aux maux causés par l'agiotage, Sa Majesté a jugé nécessaire de *renouveler* les règles prescrites par les anciennes lois; puis, art. 7, « déclare nuls, Sa Majesté, les mar- » chés et compromis d'effets royaux, et autres quel- » conques, qui se feraient à terme et sans livraison » desdits effets, *ou sans le dépôt réel d'iceux*, » *constaté par acte dûment contrôlé, au moment* » *même de la signature de l'engagement.* »

---

(1) *Voyez* Arrêt du Conseil du 24 mars 1711, se référant à l'édit de décembre 1705, et à l'art. 8 des statuts; *Manuel des agens de change*, p. 33, et p. 14.

(2) Cette injonction, levée à l'égard des actions de la Compagnie des Indes, le 26 février 1726, fut renouvelée le 22 décembre 1733, à cause des ventes simulées qui se multipliaient; *Ibid.*, p. 80 et 83.

(3) Mémoire au roi, par M de Calonne (contrôleur, de novembre 1783 à avril 1787), p. 78.

Les marchés à terme avaient été faits sans l'entremise, au moins apparente, des agens de change; l'art. 18 de l'arrêt de 1724 en prononçait la nullité; mais comme ce n'était qu'une menace, l'arrêt de 1785 déclare qu'ils recevront leur exécution, pourvu qu'ils soient contrôlés sous huitaine, et accomplis dans le délai de trois mois (1).

Mais il paraît que l'absence d'un ordre établi pour les liquidations était la principale cause du mal, plus apparent que réel, dont le gouvernement avait été effrayé; car l'examen des marchés apportés au contrôle fit reconnaître que, par l'effet des reventes multipliées du même objet, le résultat présentait une somme totale d'effets à livrer, très-inférieure à la somme totale des marchés (2).

Une commission fut nommée (dit arrêt, art. 1); elle fut chargée de procéder à la liquidation de tous les marchés, et investie du pouvoir d'apprécier et de discerner les marchés sérieux, c'est-à-dire ceux dans lesquels les contractans étaient en état de remplir leurs engagemens, et les marchés fictifs, c'est-à-dire ceux dans lesquels le vendeur était, dès le moment du contrat, dans l'impossibilité évidente de livrer ce qu'il avait vendu, et l'acheteur de payer ce qu'il avait acheté (préambule, *ibid*); la commission était autorisée à prononcer la nullité des premiers et la validité des seconds (art. 3). Quant à

---

(1) Manuel des agens de change, p. 114.
(2) Arrêt du 2 octobre 1785 , préambule ; *ibid* , p. 119.

l'avenir, on confirma (art. 3) la prohibition contenue en l'art. 7 de l'arrêt du 7 août 1785.

Cependant les spéculations continuèrent; le 22 septembre 1786, nouvel arrêt du conseil, qui se plaint des moyens fictifs employés pour voiler les contraventions, et, pour essayer d'y mettre obstacle, ajoute, à l'art. 7 de l'arrêt du 7 août 1785, la *prohibition*, à peine de nullité, *de faire les marchés à terme* autorisés moyennant le dépôt réel des effets vendus, *avec stipulation d'un délai excédant deux mois*, et sans que le marché fait soit signé par l'agent de change qui a fait la négociation (*ibid.*, page 138).

Ces mesures, tout en se référant à l'arrêt du conseil de 1724, n'étaient pas strictement renfermées dans le système conçu par les rédacteurs de ce premier arrêt.

En effet, le gouvernement, cédant à la puissance du fait, permet les marchés à terme. Pour empêcher les spéculations à la baisse, il exige, il est vrai, la preuve que le vendeur est actuellement propriétaire de l'objet vendu; mais, en autorisant le marché à terme, il s'écarte du plan tracé par les art. 29 et 30 de l'arrêt de 1724; l'agent de change de l'acheteur à terme n'est plus obligé d'être nanti du prix; or, toute l'économie de l'arrêt de 1724 reposait précisément sur ce que chacun des deux agens de change devait être dépositaire ou de la chose ou du prix ; à ce moyen, il n'y avait aucune incertitude sur la possibilité de livrer ou de payer, et le vendeur n'avait point besoin de savoir qui achetait, ni celui qui achetait de connaître le vendeur; l'agent de change, dépositaire, devait remettre le prix en échange des effets, ou les effets en échange du prix; que si le dépôt venait à être violé, l'agent de change du vendeur, par exemple, ne remettait point les effets au confrère qui aurait abusé du dépôt qu'il avait reçu pour payer, et l'agent infidèle était soumis à des peines graves, et à l'action non-seulement en restitution du dépôt de la part de son client, mais aussi en dommages-intérêts, à raison de la hausse survenue sur l'effet vendu, de la part du vendeur agissant en son nom s'il consentait à se nommer, ou, sinon, par l'entremise de son agent de change.

L'introduction du marché à terme détruit ce système; car elle produit cette alternative : ou l'agent de change de l'acheteur doit nommer son client, ou il devient personnellement garant du payement à l'échéance, quoiqu'il ne l'ait point reçu; or, d'une part, le secret inviolable est imposé aux agens de change (arr. de 1724, art. 36); et, d'autre part, il leur est défendu de s'obliger en leur nom personnel (art. 38, *ibid*, et arr. du 7 août 1785, art. 5). L'existence du marché à terme est inconciliable avec l'observation de ces deux règles; qui, en effet, sera l'obligé? qui sera tenu de prendre livraison et de payer à l'échéance du terme ? Ce sera nécessairement ou le client, à la condition de se faire connaître au moment même du marché, ou, si le client reste inconnu, ce sera l'agent de change qui le représente, et qui, pour le vendeur, devient le véritable et seul acheteur.

Mais les arrêts de M. de Calonne paraissent avoir abandonné, en ne la renouvelant point lorsqu'elle n'était pas observée, une autre disposition qui concourait, d'une manière non moins importante, à l'ensemble du système de 1724 : c'est l'obligation imposée à l'agent de change de spécifier sur son registre l'objet vendu, c'est-à-dire de le désigner par son titre et ses numéros, de manière qu'il ne pût être confondu avec un autre de même espèce; de distinguer par un numéro d'ordre chaque article où un effet, remis pour être négocié, se trouvait ainsi analysé et enregistré, et de répéter ce numéro tant sur le certificat que sur les billets de négociation (art. 26 et 30.)

Le législateur de 1724 voulait que l'effet public fût un corps certain et déterminé; la spéculation voulait que ce fût une chose de quantité. En effet, si la chose vendue est, par exemple, une *rescription* de *telle* classe, et portant *tel* numéro, et peut-être aussi *telle* date, c'est que cette chose existe actuellement en la propriété du vendeur, et l'agent intermédiaire a les moyens de donner la preuve de la sincérité de sa gestion, en établissant que *la rescription* même, qu'il déclare avoir vendue à tel prix, a été en effet achetée à ce prix; si, au contraire, la chose vendue est seulement *une rescription*, sans désignation individuelle, le spéculateur, en déposant une rescription, pourra, par plusieurs agens différens, vendre plusieurs fois cette quantité; il pourra donc vendre ce qu'il n'a pas et spéculer à la baisse.

On voit combien était solidement lié et combiné le système de l'arrêt de 1724, et combien sont ir-réfléchis et contradictoires les arrêts rendus, ouï le rapport du contrôleur général, les 7 août et 2 octobre 1785, et le 22 septembre 1786.

Bientôt éclata la révolution ; ses commotions ne relevèrent point le crédit de l'état, et en 1795 les effets publics étaient tombés dans une extrême dépréciation ; la Convention et les gouvernemens qui lui succédèrent s'en prirent aux spéculateurs à la baisse ; on rendit de nouveau contre eux des lois de colère.

13 fructidor an III (30 août 1795), décret de la Convention qui défend de vendre ailleurs qu'à la Bourse l'or et l'argent, à peine d'être réputé agioteur, et puni de deux ans de détention et de l'exposition, avec écriteau sur la poitrine, portant ce mot : AGIOTEUR ; le décret ajoute : « *Ses biens se-* » *ront confisqués.* » (Art. 17.)

L'art. 3 porte : « Tout homme qui sera convaincu » d'avoir vendu des marchandises et effets *dont, au* » *moment de la vente, il n'était pas propriétaire,* » est aussi déclaré *agioteur,* et doit être puni comme » tel. »

28 vendémiaire an IV (20 octobre 1795), autre décret de la Convention, sur la police de la Bourse; on y lit : « ... Considérant que celui-là est

» agioteur criminel, qui par choix met son in-
» térêt en compromis avec son devoir, en faisant
» des opérations d'une nature telle, qu'elles ne
» peuvent lui rapporter quelque bénéfice qu'au
» détriment de la chose publique; que tel est le
» cas de celui qui achète à terme des matières
» ou espèces métalliques, dans la coupable es-
» pérance que, le jour où le marché se réalisera,
» les espèces auront haussé de valeur, *et que la*
» *monnaie nationale aura perdu la sienne*; que
» tel est encore le cas de celui qui, sans besoin de
» commerce, achète, accapare des lettres de change
» sur l'étranger, dans l'espoir de les revendre
» avec bénéfice *lorsque l'assignat sera déprécié*;
» que celui qui vend à terme, sans avoir des in-
» tentions aussi blâmables, s'expose par son im-
» prudence à produire les mêmes effets; savoir :
» *l'avilissement de l'assignat*, le renchérissement
» de toutes les marchandises et de tous les objets
» de première nécessité......»

Chap. 1er., art. 15. « Il est défendu à toute
» personne de vendre u d'acheter, ni de prêter
» son ministère pour aucune vente ou achat de
» matières ou espèces métalliques *à terme* ou *à*
» *prime; aucune vente de ces matières ne pourra*
» *avoir lieu qu'au comptant*; de telle sorte que les
» objets vendus devront être livrés et payés dans
» les vingt-quatre heures qui suivront la vente... »
L'art. 16 déclare que toute contravention est agiotage, et punie conformément à l'art. 11 de la loi
du 13 fructidor an II.

Chap. 2, art. 3. « Toute négociation *à terme*
» ou *à prime* de lettres de change sur l'étranger
» est réputée agiotage.....»

Art. 4. « *Attendu que les marchés à terme*
» *ou à prime ont déjà été interdits par de pré-*
» *cédentes lois*, tous ceux contractés antérieure-
» ment au présent décret sont annulés, et il est
» défendu d'y donner aucune suite sous les mêmes
» peines.... »

20 nivôse an IV (10 janvier 1796), un arrêté
du Directoire exécutif rappelle et confirme (art. 8)
la loi du 13 fructidor an III.

2 ventôse an IV (21 février), nouvel arrêté
» du Directoire : « Voulant assurer l'exécution des
» lois des 13 fructidor et 28 vendémiaire derniers, et
» par là faire cesser les manœuvres criminelles et
» sans cesse renaissantes des agioteurs qui parvien-
» nent à s'introduire à la Bourse de Paris, et qui
» y jouent, de la manière la plus scandaleuse, à la
» hausse et à la baisse....»

Art. 2. « Nul ne pourra y (à la Bourse) vendre
» ou échanger des matières métalliques ni des
» assignats, et faire aucun traité y relatif; si, con-
» formément au vœu de la loi du 13 fructidor,
» il ne justifie qu'il est *actuellement possesseur* des
» objets à vendre ou échanger, et ce par la produc-
» tion d'un certificat de dépôt,...» soit chez un agent
de change, soit chez un notaire.

Après la réorganisation des bourses, en l'an IX,
un arrêté des consuls, du 27 prairial an X, main-

tient le principe des marchés au comptant ;
art. 13 : « Chaque agent de change *devant avoir*
» *reçu* de ses cliens *les effets qu'il vend*, ou *les*
» *sommes nécessaires pour payer ceux qu'il achète*
» est responsable de la livraison et du payement de
» ce qu'il aura vendu et acheté : son cautionnement
» sera affecté à cette garantie, et sera saisissable en
» cas de non-consommation dans l'intervalle d'une
» bourse à l'autre, sauf le délai nécessaire au trans-
» fert des rentes ou autres effets publics dont la
» remise exige des formalités... »

Et il ajoute, art. 19 : « Les agens de change de-
» vront garder le secret le plus inviolable aux per-
» sonnes qui les auront chargés de négociations, à
» moins que les parties ne consentent à être nom-
» mées, ou que la nature des opérations ne l'exige. »

En 1807, le Code de commerce, art. 86, déclare :
« Un agent de change ne peut se rendre garant de
l'exécution des marchés dans lesquels il s'entremet. »

Mais toutes ces lois n'ont pas arrêté un seul ins-
tant le mouvement des spéculations ; et encore
en 1810, le Code pénal, qui punit d'emprisonne-
ment, d'amende et de surveillance, tout pari sur la
hausse ou la baisse des effets publics (art. 421 et 419),
ajoute : « Sera réputé pari de ce genre toute con-
» vention de vendre ou de livrer des effets publics
» qui ne seront pas prouvés *par le vendeur* avoir
» existé à sa disposition au temps de la convention,
» ou *avoir* DÛ *s'y trouver au temps de la livraison.* »
(Art. 422.)

L'ensemble de cette législation nouvelle reproduit et les principes et les défauts même de la jurisprudence établie par les arrêts du conseil ; jusqu'en 1810, elle s'attache fermement à la prohibition positive de tout marché autre qu'au comptant; c'était le but de l'arrêt de 1724; en 1810, le Code pénal admet les marchés à terme, mais pourvu, au moins, que l'objet vendu *ait dû se trouver à la disposition du vendeur au temps de la livraison*; c'est en apparence un peu plus que n'accordaient les arrêts du conseil du 1785, puisqu'ils exigeaient la propriété actuelle; mais c'est, au fond, la même chose, et cela atteint le même but ; on permet le marché *à terme* quand le vendeur possède ce qu'il vend, ou quand, l'ayant acheté *à terme* préalablement et devant ainsi l'avoir à sa disposition pour cette époque, il le vend ensuite au même terme ou à un terme plus éloigné; et par-là on atteint le même but en ce que cela ne peut produire que des spéculations *à la hausse* ; puisque l'achat précède la revente, tandis que la spéculation *à la baisse* consiste à vendre d'abord pour racheter ensuite à meilleur marché. Mais cette permission, concédée par le Code de 1810, est, comme celle des arrêts de 1785, inconciliable avec le double principe et du secret gardé par les agens de change, et de la prohibition qui leur est imposée de se rendre garans de l'exécution du marché.

Telle est la législation; on peut la résumer en disant que, sous son empire, toute spéculation *à la baisse* sur les effets publics est prohibée; et que tout marché *à terme* est également prohibé, à moins que l'agent de change de l'acheteur, sacrifiant la règle qui lui commande le secret à celle qui lui interdit de donner sa garantie, ne fasse connaître le nom de son client.

§ 2. De la coutume pour les opérations de Bourse.

La coutume et la loi sont comme deux astres qui roulent dans des orbites différentes; il n'arrive pas souvent que toutes deux passent au même point, surtout quand la loi s'est engagée dans la route des prohibitions.

Les spéculations de toute espèce sur les effets publics se sont formées, développées et régularisées par le progrès insensible et constant de la coutume, et cette force lente et irrésistible a exercé sur la loi, quand la loi est venue la heurter, beaucoup plus d'influence que la loi n'en a exercé sur la coutume.

Aujourd'hui à Paris, comme il y a plus d'un siècle à Amsterdam, les opérations de commerce et de spéculation sur les effets publics (1) se composent de

---

(1) Les *effets publics* sont des titres de créances dues soit par l'état, comme les *inscriptions de rente sur le grand-livre*, et les *Bons royaux*, soit par des établissemens publics, comme les *actions de la Banque*, les *obligations de la ville de Paris*, soit par des Compagnies autorisées par le gouvernement, comme les actions des *Compagnies d'assurances*, soit par des états étrangers, comme l'*emprunt royal* d'Espagne, les *rentes* de Naples.

Les inscriptions de rente sur le grand-livre sont le principal élément des affaires à la Bourse de Paris. Le titre d'une inscription est l'extrait d'un article inscrit sur le grand-livre de la dette publique, fondé

marchés au comptant, et de *marchés à terme* qui se divisent en *marchés fermes* et *marchés à prime* ; la combinaison du *marché au comptant* avec *le marché à terme*, ou de deux *marchés à terme*, mais à terme différent, a produit une opération particulière connue sous le nom de *report*.

Art. 1er. *Des Marchés au comptant.*

Tous les marchés au comptant se concluent à la Bourse par l'entremise des agens de change.

Le *client* qui veut vendre ou acheter *de la rente*, ou tout autre effet public, doit, avant la bourse, remettre à son agent de change l'inscription ou le titre qu'il le charge de négocier, ou le prix nécessaire pour payer l'inscription dont il lui commet l'achat.

---

par la loi du 24 août 1793 ; ou sur un des livres auxiliaires créés, pour les départemens, par la loi du 14 avril 1819 ; le titre d'inscription exprime que *N.* est inscrit sur le grand-livre de la dette publique pour *une rente* de ...., au capital de .... (20 fois la rente si elle est constituée au taux de 5 p. o\o, et 33 fois et $\frac{1}{3}$ la rente, si elle est constituée au taux de 3 p. o\o, etc.) Comme le créancier n'a droit qu'à la rente, qui se paye tous les six mois, et non au capital, qui indique seulement le prix moyennant quoi l'État peut se libérer du payement de la rente, on a pris l'habitude de dire vendre et acheter *de la rente,* pour exprimer la vente ou l'achat d'inscriptions de rente ; on dit le *taux* ou le *cours de la rente* pour indiquer le prix qu'il faut payer pour avoir 5 fr. de rente 5 p. o\o, ou 3 fr. de rente 3 p. o\o, ou 4 fr. 50 c. de rente 4 $\frac{1}{2}$ p. o\o ; on dit aussi le 5 p. o\o est à tel prix, par exemple, à 97 fr.; le 3 p. o\o est à 67 fr., etc. ; alors 5000 fr. de rente 5 p. o\o coûtent 97,000 fr., et 3000 fr. de rente 3 p. o\o coûtent 67,000 fr.; à ce taux, 5000 fr. de rente 3 p. o\o, c'est-à-dire, qui n'est remboursable qu'au capital de 166,666 fr. 65 c., coûtent 111,666 f. 67 c.

L'agent de change du client vendeur cherche un ou plusieurs confrères qui soient chargés d'acheter, et réciproquement ; la rencontre est facile, puisque les agens de change sont réunis au *parquet* de la Bourse, depuis une heure et demie jusqu'à trois heures et demie, dans le but de conclure les marchés dont les cliens leur ont confié l'exécution.

Tout marché conclu est aussitôt inscrit au crayon, par chacun des deux agens de change, sur son carnet, lequel est d'un modèle uniforme pour tous.

Après la bourse, chaque agent prévient son client, verbalement ou par écrit, que le marché est conclu, et à quel prix. Il doit, en outre, le jour même, en passer les écritures.

A la bourse du lendemain, l'agent de change du client acheteur remet à son confrère, agent du client vendeur, un *bulletin*, de lui signé, que l'on appelle *des noms*. En effet, cet acte contient les *noms* (nom et prénoms) de la personne à qui l'inscription vendue doit être transférée.

Cet acte est dans la forme suivante :

Du 1er\2 octobre 1832.   *Noms remis à M.* Chabert.

Sommes.	Rente 3 o\o		N°. (1)	Prix.	
f. 3000	*Fremyot (Louis-Henri)*			77	50
	FREMYOT.				
	à livrer chez moi contre f. 77,500				

(1) Cette indication de n°. reste en blanc ; elle n'est destinée à être

Ces *noms* indiquent qu'à la bourse du 1er. octobre 1832, M. Chabert, agent de change, a vendu à M. L.-H. Fremyot, agent de change, trois mille francs de rente 3 p. 100, au prix de 77 fr. 50 c. (1), et que, le lendemain 2, M. Fremyot, acheteur, a remis cet acte à son confrère, pour que M. Chabert fît transférer une inscription de 3000 fr. de rente 3 p. 100, aux noms de : *Fremyot* (*Louis-Henri*), et livrât ensuite cette inscription chez M. Fremyot, qui s'oblige à payer, en échange de cette livraison, 77,500 fr.

Il est devenu de règle que l'agent de change doit remettre à son confrère ses propres noms, et non pas ceux de son client. Cette mesure est, en effet, une déduction naturelle de la forme du marché, puisque chacun des deux agens ne connaît que son confrère, et que le client de ce confrère doit lui demeurer inconnu.

L'agent de change vendeur, muni des *noms* que son confrère lui a remis, fait dresser et signe, 1°. un bordereau d'après le modèle joint à l'arrêté du ministre des finances, du 26 février 1821 (*Manuel des agens de change*, p. 373); 2°. la déclaration même de transfert, d'après le modèle

---

remplie que sur les *noms* qui se délivrent en liquidation des marchés à terme. Ces modèles en effet sont imprimés ; on n'y écrit à la main que la date, le nom de l'agent vendeur (Chabert), l'indication de l'espèce de fonds (rente 3 p. 0\0), la somme, le prix, et la signature de l'agent acheteur (Fremyot).

(1) C'est-à-dire, que 3 fr. de rente au capital de 100 fr., ou qui ne peuvent être remboursés que par 100 fr., valent 77 fr. 50 c.

indiqué par la loi du 28 floréal an 7 (*ibid.*, p. 219);
puis il remet ces deux feuilles, avec l'inscription (1),
à son client qui, seul ou accompagné de son agent de
change, va donner sa signature au pied du bordereau
et de la déclaration de transfert, dans le bureau
des transferts à la Bourse, de 10 heures à 2 heures.

Cette signature étant donnée le 3 (2), le Trésor
(même bureau des transferts) délivre la nouvelle
inscription le 4, de 10 heures et demie à 11 heures; il
la remet à un employé de l'agent de change vendeur.

Aussitôt la nouvelle inscription est portée chez
l'agent de change acheteur, avec les *noms* qu'il avait
délivrés, et avec un bordereau acquitté, ainsi conçu:

Négociation
du 1er. octobre.

Paris, le 4 octobre 1832.

Livré à Monsieur Fremyot.

| f. 3000 | Rente, 3 o\o | à | 77 | 5o | f. 77,5oo |

Reçu comptant,
Chabert.

---

(1) Il y joint un bulletin de dépôt énonçant qu'il a été, par lui,
déposé un extrait d'inscription 3 p. o\o de 3000 fr. Ce bulletin, qui
sera signé par le directeur des transferts, et remis dans une case
consacrée à l'agent de change, sera retiré par l'agent de change ou son
représentant, le même jour après la Bourse, et il le remettra au porteur ou garçon de caisse qu'il enverra le lendemain pour prendre la
nouvelle inscription; ce porteur devra acquitter le bulletin pour con-
stater que l'inscription lui est remise; loi du 28 floréal an VII, art. 4,
ibid, p. 217.

(2) Si le titulaire ne se présente pas lui-même pour signer, et qu'il
commette un fondé de pouvoir, les pièces et la procuration doivent
être déposées avant midi, afin que le directeur des transferts puisse
s'assurer que la procuration est régulière; s'il est plus de midi, la
signature n'est reçue que le lendemain.

L'agent de change acheteur doit acquitter le prix sur la présentation de l'inscription nouvelle à son nom, et du bordereau quittancé.

Le jour même, il doit faire un bordereau et une déclaration de transfert de la quantité de rente vendue et y joindre une inscription en son nom, afin qu'elle soit transférée au nom de son client ; il est admis jusqu'à 3 heures au bureau des transferts, et sa signature n'a point besoin d'être certifiée par un autre agent de change. Le lendemain 5, le trésor lui délivrera la nouvelle inscription.

Ainsi, dans cette hypothèse, le client vendeur a dû recevoir son argent dès le 4 ; et le client acheteur doit recevoir le 5 l'inscription transférée en son nom.

Mais, comme il est possible que le client acheteur ait tardé à remettre les fonds à son agent de change, et le client acheteur à remettre l'inscription, (si, par exemple : il y a quelqu'inexactitude dans une procuration), il est établi, entre agens de change, que le délai pour transférer est de cinq jours, en y comprenant celui de la remise des *noms*.

Par exemple, le marché a été conclu le 1er. ; les *noms* ont été remis le 2 ; le délai pour transférer dure le 3, le 4, le 5 et le 6. Or, si le transfert a lieu le 6, ce sera le 7 que l'agent de change vendeur retirera l'inscription au nom de son confrère et en recevra le prix ; et ce sera le 8 que l'agent de change acheteur pourra retirer la nouvelle inscription au nom de son client. Aussi l'usage établi est-il que c'est le 8 seulement, c'est-à-dire après six jours écoulés depuis le jour du marché, que l'agent de change est réputé en demeure vis-à-vis de son client, soit vendeur soit acheteur, et alors le 8, c'est-à-dire le septième jour après celui du marché, le client peut porter sa plainte à la Chambre syndicale.

Toutefois, comme ce délai de grâce n'est accordé que pour le transfert, si le client vendeur qui a signé le transfert le 3, lendemain de la remise des *noms*, ne reçoit pas son argent le 4 ou le 5 avant la bourse, il est certainement fondé à porter, à la bourse du 5, sa plainte à la Chambre syndicale.

La Chambre a, pour y faire droit, les moyens de discipline par lesquels elle peut agir sur les agens de change, et les contraindre à réparer les dommages provenant de leur négligence; mais si l'agent de change qui ne paye point ou qui ne restitue pas les fonds qu'il a reçus, ou qui ne transfère point l'inscription qui lui a été délivrée, est en faillite, elle délaisse le plaignant à se pourvoir devant le tribunal de commerce.

Souvent la plainte du client aura été devancée par des agens de change; ainsi, si le transfert n'est pas fait, au plus tard le 6, au nom de l'agent de change acheteur, le 7, à la Bourse, cet agent peut et doit prévenir son confrère, l'agent vendeur, par affiche visée d'un membre de la Chambre, qu'à la bourse du lendemain 8 il rachètera la quantité de rente qui lui a été vendue aux risques et périls de l'agent de change en retard. L'achat nouveau se

fera effectivement à la Bourse du 8 ; et, si l'acheteur
est obligé de payer un prix plus élevé , l'agent vendeur devra lui tenir compte de la différence.

Mais, bien loin que les agens de change tiennent,
vis-à-vis de leurs cliens, à l'observation de ces dé-
lais qui sont fixés comme le terme le plus long, ils
s'empressent au contraire de les abréger. Les cliens,
qui font à la Bourse des affaires un peu fréquentes,
sont bien sûrs que leur agent de change leur offrira
de mettre à leur disposition l'inscription nouvelle,
ou le prix de l'inscription vendue dès le lendemain
du jour où le marché a été conclu à la Bourse.
L'agent de change, qui veut faire ses affaires avec
aisance, a besoin d'avoir toujours des rentes inscrites à son nom, et des capitaux disponibles; et
alors voici comment il opère : Un client se pré-
sente-t-il pour vendre avec le désir d'avoir promptement son argent ? une déclaration de transfert
est aussitôt dressée au profit de l'agent de change
chargé de la vente; il la certifie, et la fait signer
par son client, au bureau des transferts, avant la
bourse; à la bourse, il vend la rente; et, ayant l'inscription à son nom, le lendemain même il en avance
le prix à son client, sans aucun intérêt; quelques
jours après, il le reçoit de son confrère. Le client,
au contraire, veut-il acheter ? il remet à son agent
de change les fonds destinés à payer son achat au
prix le plus élevé que la rente puisse problablement
atteindre à la bourse du jour ; l'agent de change
signe aussitôt, avant ou pendant la bourse, une

déclaration de transfert au profit de son client, qui le lendemain reçoit son inscription. C'est ainsi que la majeure partie des marchés au comptant sont exécutés envers le client dans la matinée qui suit la bourse où le marché a été conclu.

Il se présente un cas où la négociation des effets publics se fait par l'entremise d'un seul agent de change; c'est quand le même agent a reçu d'un client l'ordre de vendre, et d'un autre client l'ordre d'acheter, au même prix.

Art. 2. *Des Marchés fermes.*

Le *marché ferme* est un marché *à terme*, auquel aucune des parties ne s'est réservé, moyennant une *prime*, la faculté de renoncer.

Tous les marchés à terme ont pour terme la fin du mois courant, ou, au plus, la fin du mois prochain; jamais d'époque intermédiaire; on dit: Vendre ou acheter *fin courant*, ou *fin prochain*.

Mais le terme, dans ces marchés, n'est stipulé qu'en faveur de l'acheteur; ainsi, il lui est toujours loisible, en offrant de payer le prix convenu, dexiger la livraison des effets qui lui ont été vendus à terme. Cette anticipation du terme s'appelle *escompte*. (1)

---

(1) L'*escompte* n'amène aucune déduction sur le prix : l'acheteur paye avant le terme convenu, il est vrai ; mais aussi il reçoit avant le terme convenu les effets qu'il a achetés. L'une et l'autre obligation étaient à terme ; l'une et l'autre, par l'escompte, s'exécutent avant l'échéance.

Les marchés fermes se font, comme les marchés au comptant, par l'entremise de deux agens de change. Or, tout agent de change, vis-à-vis de son confrère, représente et garantit le client pour le compte de qui il conclut un marché ; cette garantie, établie par la coutume, est semblable en résultat à ce qu'exige la loi, qui déclare que l'agent de change doit être nanti. Aussi est-il établi que l'agent de change a le droit, avant d'opérer, d'exiger que son client le *couvre*, par avance, des dommages-intérêts auxquels peut donner lieu l'inexécution du marché ; la somme nécessaire pour assurer cette garantie est variable comme les événemens qui peuvent influer sur le cours des effets publics et dépend de leur appréciation ; les fonds ou les valeurs remis dans ce but s'appellent une *couverture*.

Le marché ferme, conclu par deux agens de change, est aussitôt inscrit par chacun d'eux sur son carnet (1).

Le lendemain, à la bourse, les agens de change se remettent, l'un à l'autre, leurs engagemens respectifs, dans la forme suivante :

---

(1) Tous les marchés, au comptant ou à terme, se font à haute voix ; l'agent de change qui offre de la rente, ou tout autre effet, doit dire à quel prix il offre ; celui qui demande, doit dire à quel prix il demande ; le marché se conclut par l'offre et la demande au même prix ; les agens de change ne quittent point la Bourse que chacun d'eux n'ait *pointé*, avec ses confrères, les opérations inscrites, pendant la bourse, sur son carnet.

3.

           F. 5ooo *rente* 5 o/o *à* 98.3o   *f.* 983oo.

———————————— *Paris, le* 10 octobre 1832. ————————

Acheté de M. Chabert,

Cinq mille *francs de rente*, 5 o/o, *jouissance du* 22 septembre 1832 (1), *livrables fin* octobre, *fixe ou plus tôt à
ma volonté, contre le payement de la somme de* quatre-
vingt-dix-huit mille trois cents francs.

Fait double,
Fremyot.

L'autre engagement ne diffère de celui-ci qu'en ce
qu'il porte, au lieu de ces mots : *acheté de M. Chabert,* ceux-ci : *vendu à M. Fremyot,* et à sa *volonté,* au lieu de à ma *volonté ;* il est signé Chabert.

Le même jour (11 octobre), l'agent de change
de l'acheteur remet à son client un engagement
conçu comme suit :

LIQUIDATION
D'OCTOBRE.   *F.* 5ooo rente 5 o/o à 98.3o   *f.* 983oo.

———————————— *Paris, le* 10 octobre 1832. ————————

Acheté *de M. Chabert,* agent de change, *d'ordre et pour
compte de MM.* J^es. Cœur et comp., cinq mille francs de
rente 5 o/o, *jouissance du* 22 septembre 1832, *livrables fin*
octobre *ou plus tôt, à* leur *volonté, contre le payement de
la somme de* quatre-vingt-dix-huit mille trois cents francs.

Fait double,
Fremyot.

———————————————————————————

(1) C'est-à-dire, dont les arrérages courent à compter du 22 septembre 1832 ; ainsi le premier semestre écherra le 22 mars 1833.

Et en échange il fait signer par son client un engagement de la teneur ci-après :

F. 5ooo rente , 5 o/o à 98 fr. 3o c.   f. 98,3oo

Acheté par M. Fremyot, agent de change, par notre ordre et pour notre compte (etc., comme le précédent), ou plus tôt à notre volonté, contre, etc.

Fait double,
J^es. Cœur et comp.

L'agent de change du vendeur échange avec son client des engagemens analogues.

Au moyen de ces engagemens, le client vendeur et le client acheteur ont chacun, pour titre, la signature de leur agent de change seulement, avec déclaration du nom de l'agent de change avec qui l'opération a été faite.

Alors, la position du client est la même que celle du commettant qui a fait vendre des marchandises par un commissionnaire non garant des acheteurs. Le marché est fait par l'agent de change, en son nom, comme la vente de marchandises est faite par le commissionnaire ; l'agent de change n'est point garant envers son client de la solvabilité du confrère avec qui il a traité, de même que le commissionnaire n'est point garant de l'acheteur ; l'agent de change ne doit que tenir compte à son client, comme le commissionnaire à son commettant, de ce qu'il reçoit par payement ou par compensation, l'un de son confrère, l'autre de l'acheteur à qui il a vendu ; s'il ne reçoit rien, il n'a rien à remettre.

Ainsi, l'agent de change représente et garantit son client envers son confrère, mais il ne garantit pas son confrère envers son client.

Cependant les cliens ont trouvé le moyen d'obtenir, tout en restant dans les termes ordinaires des engagemens, la garantie de l'agent de change qu'ils emploient.

Il y a un cas, en effet, où cette garantie a lieu, par une conséquence nécessaire du rôle que l'agent de change a rempli; c'est quand deux cliens lui avaient commis l'ordre, l'un d'acheter, l'autre de vendre, au même prix (*V.* pag. 34); alors il ne traite point avec un confrère; les engagemens qu'il remet à ses cliens ne peuvent indiquer le nom d'un autre agent de change; l'engagement remis au client vendeur porte : *vendu* A CLIENT; l'autre porte : *acheté* DE CLIENT; et conséquemment l'agent de change représente et garantit chacun de ses cliens vis-à-vis de l'autre.

Le client peut donc obtenir la garantie de son agent de change, en exigeant de lui que l'engagement qu'il signera n'énonce que ces mots : *acheté* DE CLIENT, ou *vendu* A CLIENT; alors l'agent de change est le débiteur direct et unique du client à qui il consent à remettre un pareil engagement.

ART. 3. *Des Marchés à prime.*

Le *marché libre* ou *marché à prime* est un marché *à terme*, avec clause que l'acheteur, en abandonnant une partie du prix payée au moment du marché et qu'on appelle *prime*, aura la faculté de s'affranchir du marché. Les primes sont de 5o c., de 1 fr., de 1 fr. 5o c. ou de 2 fr. On les énonce en disant que le marché a lieu, par exemple, à 77 fr., *dont* 5o c., ou *dont un*, ou *dont un franc cinquante* cent.

Les engagemens sont semblables à ceux des marchés *fermes*, sauf l'intitulé, l'indication de la prime, et celle de la clause spéciale. Ainsi l'intitulé porte :

LIQUIDATION   MARCHÉ LIBRE.
D'OCTOBRE 1832.

F. 3ooo. à 77 fr. 5o c. dont 1.	f. 77,5oo
Prime en compte.	1,000
Reste.	f. 76,5oo

Dans le corps de l'engagement, après l'énonciation de la quantité de rente et de l'époque de la jouissance, on ajoute : *à la prime de un franc*, puis le marché se termine ainsi : « *L'acheteur est tenu de déclarer à son vendeur, au plus tard à la bourse du* . . . . . (le dernier jour ouvrable du mois), *s'il entend retirer ladite rente; à défaut, et passé cette époque, le présent sera nul.* »

En effet, la *réponse* des primes se fait à la dernière bourse du mois, à 2 heures et demie. Pendant *cinq* minutes, toutes les autres opérations sont suspendues; et, dans ce délai, les acheteurs à prime doivent déclarer à leurs vendeurs si leur volonté est de *lever* les effets, c'est-à-dire, d'en prendre livraison, ou d'abandonner la prime. Si l'acheteur déclare *lever la prime*, c'est-à-dire, la rente achetée à prime, le *marché libre* se trouve converti en *marché ferme*.

Le client acheteur est tenu de remettre le montant de la prime à son agent de change à l'époque où le marché se conclut; le client vendeur a droit également d'exiger que la prime lui soit remise par son agent de change; mais, entre les agens, la prime reste en compte et ne se règle qu'à l'époque de la liquidation; le payement en est garanti par la somme de 50,000 fr. que tout agent de change est obligé de laisser en dépôt dans la caisse commune de la compagnie.

Art. 4. *Des Escomptes.*

Quand le client qui a acheté *ferme* ou *à prime* veut user de la faculté, toujours réservée par le marché, de réclamer, avant l'échéance du terme, la livraison des effets, en offrant d'en payer le prix, il doit remettre le prix d'achat à l'agent de change qui a fait la négociation, afin que cet agent *escompte* les effets achetés.

Supposez que pendant la première partie du mois d'octobre, il a été fait les opérations suivantes :

M. Chabert, agent de change, a acheté, pour le compte de MM. J^es Cœur et comp^e., 3000 fr. de rente 3 pour 100, de M. Fremyot, agissant pour MM. A. Lepelletier et comp^e., à 75 fr., livrables fin courant.

M. Fremyot a aussi acheté, pour MM. Demeuves et compagnie, 3000 fr. à 77, de M. Genestet.

M. Genestet a acheté 3ooo fr. à 74, de M. Navarre.

M. Navarre a acheté 3ooo fr. à 76, de M. Dussol, qui a agi pour le compte de MM. de la Rivoire et Comp.

Voici le tableau du compte de ces cinq agens de change :

Doit.	CHABERT.	*Avoir.*
3ooo achetés de Fremyot, à 75. 75,000		

	FREMYOT.	
3ooo achetés de Genestet, à 77. 77,000	3ooo vendus à Chabert, à 75. 75,000	

	GENESTET.	
3ooo achetés de Navarre, à 74. 74,000	3ooo vendus à Fremyot, à 77. 77,000	

	NAVARRE.	
3ooo achetés de Dussol, à 76. 76,000	3ooo vendus à Genestet, à 74. 74,000	

	DUSSOL.	
	3ooo vendus à Navarre, à 76. 76,000	

La rente 3 pour 100 monte à 8o fr. ; alors MM. J^{es}. Cœur et compagnie donnent ordre, le

15, par exemple, à M. Chabert, d'escompter les 3000 fr. qu'il a achetés de M. Fremyot (1).

M. Chabert est tenu, en arrivant à la Bourse et avant l'ouverture, de prévenir M. Fremyot par une affiche revêtue du visa du syndic ou d'un adjoint; cette affiche énonçant la quantité et le prix des effets escomptés, est apposée sur un tableau exprès, placé dans le cabinet des agens de change.

---

(1) Remarquez que M. Chabert a acheté 3000 et n'a point vendu ;
Que M. Fremyot, M. Genestet et M. Navarre ont vendu et acheté chacun une même quantité, savoir :

M. Fremyot a vendu à M. Chabert ;
    a acheté de M. Genestet.
M. Genestet a vendu à M. Fremyot;
    a acheté de M. Navarre.
M. Navarre a vendu à M. Genestet :
    a acheté de M. Dussol ;
Que M. Dussol a vendu 3000 et n'a point acheté.

Ainsi, 1°. quand M. Chabert exige de M. Fremyot la livraison d'une inscription de 3000, M. Fremyot peut dire à M. Genestet, puis M. Genestet peut dire à M. Navarre, puis M. Navarre peut dire à M. Dussol : *Livrez pour moi* 3000 *à M. Chabert.* C'est ce qui va s'opérer par la transmission des *noms*.

2°. Puis chacun d'eux, pour payer l'inscription dont il requiert la livraison, peut remettre à son vendeur le billet ou les *noms* que M. Chabert a délivrés à M. Fremyot, billet portant l'engagement de payer 75,000 ; seulement, l'agent qui aura acheté au-dessus de 75 devra, en outre, payer le surplus; et, par exemple : s'il a acheté à 76, remettre à son vendeur 1000 fr., avec les *noms Chabert* ; celui qui aurait acheté au-dessous de 75 aurait, au contraire, à réclamer l'excédant du prix des *noms Chabert*, ou 75,000, sur le prix dont il est débiteur. C'est ce qui va s'opérer par la transmission des *noms* et le réglement des *différences*.

La transmission ou endossement des *noms* a donc un double effet : elle signifie d'une part : je vous donne mandat de livrer ; d'autre part : M. Chabert vous payera pour moi 75,000 fr.

En même temps, M. Chabert a dû faire viser deux bulletins par *duplicata*, semblables au bulletin de noms dont le modèle est ci-dessus, pag. 28; seulement, l'un des deux est intitulé : *noms provisoires*; on l'appelle aussi *bulletin de prix d'escompte.*

M. Fremyot, s'il n'est pas muni, pour ce cas, des instructions de ses cliens, MM. A. Lepelletier et Compᵉ., doit les prévenir, ou, sinon, agir suivant ce qu'il suppose être leur intention.

S'il a ordre de recevoir l'escompte et de livrer les effets, il attend la remise des *noms*, qui lui est faite par M. Chabert à l'issue de la Bourse.

Si, au contraire, MM. A. Lepelletier et compᵉ. désirent ne pas livrer, M. Fremyot peut transmettre ou *rendre* l'escompte à M. Genestet, de qui il a acheté aussi 3000 fr. à 77.

M. Genestet peut le rendre à M. Navarre, et M. Navarre à M. Dussol.

Toutes ces transmissions d'escompte, qui ont lieu pendant la bourse, et jusqu'à 3 heures seulement, sont notées par chacun de ces agens de change sur leur carnet.

A 3 heures et demie, à l'issue de la bourse, l'agent de change Chabert, qui a escompté par affiche, remet à M. Fremyot les *noms provisoires*, et les commis des agens de change s'occupent aussitôt d'apposer sur ces *noms*, au dos du bulletin, les endossemens qui expriment les transmissions d'escompte consignées sur les carnets; ainsi les *noms provisoires*

Chabert, par lui remis à M. Fremyot, porteront au dos : *à Genestet, par Fremyot*; au-dessous : *à Navarre, par Genestet*; puis : *à Dussol, par Navarre.*

M. Dussol, agent de change, est donc le dernier porteur du bulletin des *noms provisoires*, c'est-à-dire, qu'il est tenu de transférer et livrer les 3000 fr. qu'il a vendus pour MM. de la Rivoire et compagnie, ses cliens ; mais il devra les transférer et livrer, au lieu de M. Navarre, confrère avec qui il avait traité, à M. Chabert, dont les *noms*, après plusieurs endossemens, lui ont été remis par M. Navarre.

Mais M. Dussol n'a encore entre les mains que des *noms provisoires* ; M. Chabert a gardé et tient à sa disposition les *noms* définitifs; voici maintenant pourquoi l'on a exigé un bulletin par *duplicata* dont un seul circule provisoirement, avec l'indication qu'il n'est que provisoire.

M. Fremyot, qui a *rendu* l'escompte à M. Genestet, avait acheté de lui à 77 ; or, il lui remet les *noms Chabert,* par lesquels M. Chabert ne s'oblige à payer 3000 qu'à 75; c'est donc une *différence* de 2 fr. sur le prix que M. Fremyot restera devoir à M. Genestet, ou 2000 fr.

M. Genestet, qui a acheté de M. Navarre à 74 et qui lui transmet les *noms Chabert* à 75, lui remet, au contraire, plus qu'il ne lui doit ; et M. Navarre doit rendre à M. Genestet une différence de 1 fr. sur le prix, ou 1000 fr.

Enfin M. Navarre, qui a acheté de M. Dussol à 76

et qui ne lui remet des *noms* qu'au prix de 75, restera lui devoir une différence de 1 fr., ou 1000 fr.

Ces différences doivent être notées par les commis de ces agens de change, au moment des endossemens, et dès le lendemain matin, 16 octobre, à 9 heures, chaque agent peut envoyer recevoir chez son confrère la différence qui lui revient.

M. Genestet fera recevoir 2000 fr. chez M. Fremyot, et les engagemens, de part et d'autre, seront rendus. M. Genestet fera aussi recevoir 1000 fr. chez M. Navarre. Et en effet, ayant vendu à M. Fremyot au prix de 77, et acheté de M. Navarre à 74, il faut bien, dès que ces deux comptes sont soldés par la circulation des *noms* d'escompte, qu'il lui reste la *différence* de 3 fr. sur le prix entre son achat et sa vente, ou 3000 fr. sur la somme. Le prix des *noms* d'escompte augmente ou diminue la *différence* due à M. Genestet par chacun des deux confrères avec qui il a traité d'une même quantité de rente; mais la différence *totale*, ou la différence *nette*, ne peut pas être autre que 3000 fr.; puisque c'est au même prix, le prix d'escompte, que les 3000 d'effets seront compensés dans l'un et l'autre compte. Ainsi, tant que le prix d'escompte sera supérieur à 74, et inférieur à 77 fr., M. Genestet aura à recevoir, du confrère de qui il a acheté à 74 et de celui à qui il a vendu à 77 fr., deux différences qui, évidemment, composeront une différence *totale* de 3 fr. Si le prix d'escompte était supérieur à 77 et par exemple 79, M. Genestet, en recevant les *noms*

Chabert à 79, tandis que M. Fremyot ne lui a acheté qu'à 77, devrait une différence de 2 fr., ou 2000, à M. Fremyot ; mais aussi il lui serait dû une diffé-rence de 5 fr. ou 5000, par M. Navarre, à qui il en-dosserait des *noms* à 79, quand il ne lui en doit qu'à 74 : ainsi, payant 2000 et recevant 5000, il resterait toujours avec une différence *nette* de 3 fr., ou 3000. Le résultat serait le même, si l'on suppo-sait l'escompte au-dessous de 74 fr. On voit donc que le prix d'escompte ne peut changer la position dé-finitive de l'agent de change à qui l'escompte est rendu et qui le rend à son tour ; mais ce prix est ce qui détermine la créance ou la dette de cet agent envers chacun de ses deux confrères.

Enfin, dans la matinée du 16, M. Dussol, qui a vendu au prix de 76 à M. Navarre, et qui n'en a reçu des *noms* qu'au prix de 75, fera recevoir chez M. Navarre une différence de 1000 fr.

Après ces opérations terminées, les comptes des cinq agens présenteront le tableau suivant :

CHABERT.

Doit.Avoir.

3000 achetés de Fremyot, à 75. .	75,000	3000. *Ses noms* remis à Fremyot.	75,000

FREMYOT.

3000 achetés de Genestet, à 77. .	77,000	3000 vendus à Chabert, à 75. . .	75,000
Noms remis par Chabert. .	75,000	*Noms Chabert* remis à Genestet. . .*. . . . . . .*	75,000
		Différence payée à Genestet. . . .	2,000
	152,000		152,000

GENESTET.

3000 achetés de Navarre, à 74. .	74,000	3000 vendus à Fremyot, à 77. .	77,000
Noms Chabert remis par Fremyot.	75,000	*Noms Chabert* remis à Navarre.	75,000
Différence reçue de Fremyot. . .	2,000		
Différence reçue de Navarre. . .	1,000		
	152,000		152,000

NAVARRE.

3000 achetés à Dussol , à 76. . .	76,000	3000 vendus à Genestet , à 74. .	74,000
Noms Chabert remis par Genestet.	75,000	*Noms Chabert* remis à Dussol.	75,000
		Différence payée à Genestet. . . .	1,000
		Différence payée à Dussol.	1,000
	151,000		151,000

DUSSOL.

3000 *Noms Chabert* remis par Navarre.	75,000	3000 vendus à Navarre , à 76. . .	76,000
Différence reçue de Navarre. . . .	1,000		
	76,000		

La position de M. Genestet donne lieu toutefois à une observation ; quand un acheteur remet des *noms* à un prix inférieur à celui auquel il a acheté , il est juste qu'avant que les effets soient transférés , le vendeur reçoive la différence entre le prix qui lui sera payé en échange des effets , par l'agent de change qui a délivré ces *noms*, et le prix auquel il a vendu au confrère qui lui transmet ces *noms* par endossement ; mais, s'il remet des *noms* à un prix plus élevé que le prix auquel il a acheté, l'équité n'exige pas de même que son vendeur, en recevant ces *noms*, lui tienne compte, sur-le-champ, de la différence entre le prix qu'il recevra 'en livrant les effets à l'agent de change désigné par ces *noms*, et le prix moindre qui lui serait dû par le confrère à qui il a vendu et qui lui transmet ces *noms* ; car l'escompte est le fait de l'escompteur, et ne saurait lui donner le droit d'exiger de son confrère une différence que celui-ci n'a point encore touchée. Ainsi, dans la rigueur du droit, ce ne serait qu'après la livraison des effets par le dernier porteur des *noms*, et après que M. Chabert en aurait payé le prix, que M. Genestet, acheteur à 74 chez M. Navarre, serait fondé à exiger de lui la différence de 1 fr., ou 1000 fr. entre le prix auquel il a acheté et le prix que, par l'endossement des *noms Chabert*, il lui transmet la faculté de recevoir.

Le 16, à la Bourse, quand les débiteurs de *différences* les ont acquittées, M. Dussol, dernier porteur des *noms provisoires Chabert*, se fait remettre par M. Chabert les *noms définitifs* ou *par duplicata* qui ont été visés la veille, de manière que les deux bulletins, se référant l'un à l'autre, ne fassent pas double emploi ; et c'est quand il a ces deux bulletins réunis, qu'il doit transférer à M. Chabert les 3000 fr. de rente 3 pour 100 que M. Chabert lève, et que M. Dussol livre.

Pour effectuer cette livraison, M. Dussol a fait transférer 3ooo fr. de rente 3 pour 1oo à M. Chabert, par ses cliens MM. de la Rivoire et Comp^e., et il leur tient compte, pour prix de la vente qu'il a faite pour eux à 76, 1°. de 75,ooo fr. que M. Chabert lui paye en échange de l'inscription de 3ooo fr.; 2°. de 1ooo fr. qu'il a reçus de M. Navarre.

M. Dussol jouit, pour opérer ce transfert, du même délai que le vendeur au comptant; il doit livrer les effets avant la cinquième bourse, et les *noms* étant remis le 16, si, avant la bourse du 21, le transfert n'est pas effectué, M. Chabert devra, le 21, prévenir M. Fremyot, son vendeur, par une affiche visée d'un membre de la chambre, que, le lendemain 22, il *rachètera* les 3ooo fr. aux risques de M. Fremyot; et si, l'effet n'étant point livré le 22 avant la bourse, le rachat a lieu, par exemple, à 78, M. Chabert, forcé de payer 78,ooo fr. au lieu de 75,ooo fr. pour 3ooo fr. de rente 3 pour 1oo, réclamera cette différence de 3ooo fr. contre M. Fremyot; celui-ci exercera son recours pour ces 3ooo fr. contre M. Genestet, à qui il avait endossé les *noms. Chabert;* M. Genestet recourra contre M. Navarre; et enfin M. Navarre agira contre M. Dussol, dernier porteur des *noms*, et obligé envers M. Chabert et les endosseurs à effectuer la livraison. M. Dussol répétera cette différence contre ses cliens, MM. de la Rivoire et Comp., s'ils ont causé l'inexécution du marché, en ne remettant pas une inscription de 3ooo fr. à M. Dussol, qui l'a vendue par leur ordre et pour leur compte.

On appelle l'escompte fait par affiche *escompte direct* , et *escompte indirect* celui qui est rendu d'agent à agent par l'endossement des noms.

Le résultat de cet escompte du 15 octobre est alors facile à saisir. MM. Jacques Cœur et Comp. ont escompté un marché de 3000 fr. , rente 3 p. 100, qu'ils avaient achetés livrables fin octobre ; et, en définitive, les vendeurs escomptés sont seulement MM. de la Rivoire et Comp. , qui avaient vendu une même quantité de rente. L'escompte direct affiché par M. Chabert a circulé, et a été *rendu* trois fois par un agent de change à l'autre , avant de s'arrêter à M. Dussol , agent de change de MM. de la Rivoire et Comp. C'est que MM. A. Lepelletier et Comp. , pour compte de qui M. Fremyot avait acheté de M. Chabert , ont désiré ne pas recevoir l'escompte, et que leur agent de change a pu le transmettre à un confrère de qui il avait aussi acheté 3000 fr. de rente 3 p. 100 ; ses cliens , MM. Demeuves et Comp. , pour qui il a fait cet achat, demeurent étrangers à l'escompte *indirect* que M. Fremyot ne rend à M. Genestet qu'afin de ne pas rester vendeur, ce qui l'obligerait à livrer les 3000 fr. qu'il a vendus pour MM. A. Lepelletier et Comp. Il en est de même des cliens de MM. Genestet et Navarre.

Ainsi, ces trois agens de change, pour éviter à leurs cliens de recevoir l'escompte, en prennent sur eux-mêmes les conséquences : M. Fremyot, qui a acheté à 77 et vendu à 75 , supporte, dès actuellement, une différence de 2000, et retrouvera cette somme à la fin du mois quand ses cliens lui payeront leur différence pour le moment de la liquidation générale. On comprendra mieux, après avoir étudié cette liquidation, que l'escompte a pour effet de distraire de la liquidation générale une certaine quantité de marchés à terme, et d'en procurer la liquidation partielle; mais que l'escompte et la liquidation dérivent d'un même principe, c'est-à-dire un prix commun de compensation sauf le règlement des *différences*.

Cependant, ces résultats de l'escompte peuvent être modifiés par la position respective des agens de change endosseurs des *noms d'escompte*.

1°. Tout agent de change acheteur peut escompter directement, c'est-à-dire par affiche, la totalité ou une partie de ce qu'il a acheté, lors même qu'il a vendu aussi une quantité, égale ou supérieure, de rentes de même nature, au confrère à qui il dénonce son intention d'escompter; mais alors l'agent de change qui reçoit l'escompte, peut le rendre lui-même à l'escompteur, sur-le-champ et sans affiche, jusqu'à concurrence d'une quantité égale à celle dont l'escompte lui est déclaré par affiche. Il résulte de cet escompte réciproque la compensation immédiate des quantités escomptées; tout transfert devient superflu; toute remise de *noms* devient inutile; et le solde de compte s'opère par le payement de la différence entre les prix des deux marchés. Si, par exemple, M. Chabert, qui avait acheté de M. Fremyot à 75 , lui avait vendu pareille quantité à 77 , M. Chabert , qui a escompté par affiche M. Fremyot, aura à recevoir de lui une différence de 2000 francs , si M. Fremyot rend l'escompte à M. Chabert.

Il en est autrement pour les escomptes *indirects* ; il n'est pas permis d'escompter *indirectement* une somme d'effets qui excède le solde dont on est acheteur. Ainsi, si M. Fremyot, qui a acheté 3000 de M. Genestet , lui avait vendu 1500 , il ne pourrait lui transmettre les *noms Chabert* à l'effet de lui escompter *indirectement* 3000 , quand le solde dont M. Fremyot reste acheteur chez M. Genestet n'est plus que de 1500.

En effet , si M. Fremyot escomptait *directement* M. Genestet pour 3000, ce dernier pourrait aussitôt lui rendre l'escompte pour 1500 ; leur compte respectif serait compensé jusqu'à cette quantité , sauf la différence de prix , et les *noms Fremyot* ne pourraient circuler que pour les 1500 dont il reste acheteur.

L'escompte *indirect* , au contraire , ne permet point cette compensation. En recevant les *noms Chabert* pour 3000 , M. Genestet s'obligerait à transférer 3000 ; et c'est le lendemain seulement qu'il pourrait escompter *directement* M. Fremyot pour 1500, en sorte que , dans le cas d'escompte *indirect* , il se trouverait exposé à être tenu de transférer une inscription de 3000 , quand il n'est réellement vendeur que de 1500 , tandis que l'escompte *direct*

53

ne peut le contraindre à ce transfert de 3000 puisqu'il a la faculté, en rendant l'escompte, de répondre à l'escompteur par la compensation immédiate de 1500.

2°. Quand, par l'effet de l'escompte *indirect*, le compte entre deux agens de change se trouve compensé *en effets*, la différence qui résulte, au profit de l'un d'eux, de la comparaison entre le prix de leur marché et le prix des *noms d'escompte*, ne peut être réclamée que jusqu'à concurrence du solde de leur compte.

Ainsi : M. Fremyot avait acheté de M. Genestet 3000 à 78 fr., et 3000 à 77, il lui avait rendu 3000 à 79; dans cette position, M. Fremyot, escompté par M. Chabert pour 3,000; vend l'escompte à M. Genestet et lui endosse les *noms d'escompte Chabert* au prix de 75, prix auquel M. Chabert avait acheté de M. Fremyot.

Cet escompte *indirect* s'applique aux 3,000 que M. Fremyot a achetés de M. Genestet à 77; car il est de règle, que lorsqu'il y a eu plusieurs marchés entre deux agens de change, l'escompte *indirect* s'applique de plein droit au marché qui a été fait au prix le moins élevé : il en résulte donc une différence de 2 fr. sur le prix, ou 2,000 fr., que M. Fremyot, acheteur à 77, doit à M. Genestet, puisqu'il lui remet les *noms* d'un acheteur qui ne doit payer qu'au prix de 75.

Or le compte, entre ces deux agens, présente le résultat suivant :

M. Fremyot est débiteur envers M. Genestet :

1°. de 3000 fr., rente 3 o\o qu'il a achetés à 78. .   78,000
2°. de 3000   *id.*   *id.*   à 77. .   77,000
____
     6000   155,000

M. Fremyot est créditeur chez M. Genestet :

1°. de 3000, rente 3 o\o, qu'il lui a vendus à 79.   79,000
2°. de 3000, *id.*   *noms Chabert* qu'il lui
          transmet à 75.   75,000
____
     6000   154,000

     Solde dont M. Fremyot reste débiteur.. . .   1,000
____
                                                   155,000

Ainsi le compte est compensé *en effets*, c'est-à-dire, qu'aucun des deux agens ne reste plus ni vendeur ni acheteur envers son confrère; et le solde du compte n'est que de 1,000 fr.

Dans ce cas, on a établi que M. Genestet, bien qu'il eût droit, par l'effet de l'escompte *indirect*, à une différence de 2,000 fr., ne pouvait cependant exiger plus que le solde du compte, c'est-à-dire plus de 1,000 fr. seulement.

Cette décision dénote une tendance de l'opinion vers une coutume que plusieurs sollicitent, mais qui n'est point encore adoptée.

Si M. Fremyot n'avait pas acheté 3,000 à 77, son compte avec M. Genestet présenterait, d'une part, 3,000 fr. achetés à 78; et de l'autre, 3,000 vendus à M. Genestet à 79 : ce compte serait donc compensé en effets, et il présenterait un solde de 1,000 fr. en faveur de M. Fremyot.

Or, bien qu'il soit, dès ce moment, irrévocablement certain que M. Genestet doit 1,000 fr. à M. Fremyot, on n'a point encore admis que M. Fremyot pût les exiger avant l'époque de la liquidation. Il semble en effet, au premier abord, que les deux marchés étant livrables fin du mois, c'est à cette époque seulement que la dette de la différence sera échue; mais n'est-il pas plus juste de dire que le délai stipulé pour le payement du capital de la rente ne doit point être invoqué pour le payement d'une différence acquise et invariable qui forme le solde d'un compte compensé en *effets* : car la compensation en *effets*, ou vente réciproque de quantités égales, a pour effet immédiat d'éteindre de plein droit, entre les deux agens de change, toute obligation de livrer des effets.

Or, si l'obligation de livrer est éteinte, celle de payer des objets livrés n'existe plus, et conséquemment le terme accordé pour le payement des effets vendus est une clause qui n'a plus d'aliment, et qui ne peut recevoir son application. Cette déduction est tout-à-fait conforme aux idées communes, reçues en matière de spéculation; la spéculation distingue fort nettement la dette de capitaux et la dette de diffé_rences; il n'est pas naturel de supposer que le spéculateur tienne disponibles les capitaux nécessaires pour payer les rentes qu'il n'a achetées qu'*à terme* · chacun, au contraire, croit pouvoir compter que ce spéculateur a toujours à sa disposition ce qu'il faut, d'après les cours, pour payer les différences; et son agent de change est toujours réputé nanti d'une *couverture* suffisante pour, dans tous les cas, y faire face.

Aussi, bien des personnes s'accordent à penser qu'aussitôt qu'un compte est compensé en effets, l'agent de change, créancier d'un solde, devrait avoir le droit d'en exiger le payement à l'égard de son confrère.

Cependant cette coutume n'est point établie; mais l'exemple ci-dessus montre que, s'il n'est point d'usage d'exiger le solde d'un compte compensé en effets, du moins le créancier peut le retenir et l'imputer sur la différence dont un escompte *indirect* le rendrait débiteur.

En effet, M. Fremyot ne devait point exiger de M. Genestet la différence que présentait à son profit l'achat qu'il a fait à 78, comparé avec la vente qu'il a faite à 79; mais quand l'escompte *indirect* des 3,000 qu'il a en outre achetés à 77, le rend débiteur d'une différence de 2,000 fr. par la raison qu'il ne transmet que des *noms* à 75, alors les 1,000 fr. que l'usage ne lui permettait pas de réclamer, on l'autorise à les déduire sur la différence de 2,000 fr. dont il devient débiteur par l'escompte *indirect*, en sorte que M. Genestet ne peut exiger de M. Fremyot que 1,000 fr., somme égale au solde de son compte.

3°. L'équité a fait admettre même que les différences éventuelles qui., d'après le cours au jour où l'escompte a lieu , résultent de marchés non compensés , peuvent être telles qu'elles doivent être prises en considération pour arrêter ou suspendre le payement des différences provenant de la circulation de l'escompte.

Supposez que M. Fremyot a vendu 3,000 fr. rente 3 0/0 à M. Chabert au prix de 72 , et , quelques jours après , 12,000 à 78 fr. Un mouvement de baisse se déclare ; et , pendant que le cours est à 75 , M. Chabert , escompté par un de ses confrères , rend l'escompte à M. Fremyot pour 3,000 fr. et lui endosse des *noms* à 74.

Leur compte se présente alors comme suit :

Avoir.　　　　M. Fremyot, son compte chez M. Chabert.

| 3 oct. | 3000. Vendus (par lui à Chabert) à 72. | 72,000 |
| 10 . » | 12000. | *id.* | à 78. | 312,000 |

Doit.

| 14 oct. | 3000. Noms d'escompte à lui remis |
| | (par Chabert) à 74. . . . . . | 74,000 |

Dans cette position , le marché de 3000 fr. du 3 octobre est compensé par l'escompte, et il résulte de la comparaison du prix d'achat avec le prix des *noms* , que M. Fremyot doit à M. Chabert une différence de 2000 fr.

Mais la rente étant en baisse, et au cours de 75 , si le marché du 10 octobre était compensé à ce taux, comme il le sera à l'époque de la liquidation , si la rente est encore au même prix (*voyez* ci-après § 6), cette compensation à 75 produirait une différence de 3 fr. sur le prix, ou d'une somme de 12,000 fr. qui serait due à M. Fremyot par M. Chabert; ainsi, au cours du jour de l'escompte, M. Fremyot doit bien, par l'effet de l'escompte, 2000 fr. à M. Chabert, mais il est son créancier éventuel d'une différence de 12,000 fr., qui peut encore s'accroître, puisque la rente subit un mouvement de baisse.

Cette considération, plus équitable que rigoureuse, déterminera quelquefois la chambre syndicale à autoriser M. Fremyot à retenir, par une sorte de mesure conservatoire, la différence de 2000 fr. qu'il doit à M. Chabert.

L'agent de change qui escompte indirectement son confrère est tenu de deux obligations : 1°. il doit lui transmettre les *noms d'escompte*; 2°. il doit lui payer la différence entre le prix de ces *noms*, et le prix auquel il a acheté. L'exécution de ces deux obligations est, de fait, séparée par un intervalle de temps, puisque la transmission des *noms* se fait par le moyen d'une déclaration verbale faite à la Bourse et consignée sur les deux carnets, suivie de l'endossement écrit par les commis aussitôt après la bourse, et que les différences ne sont perçues que le lendemain matin; mais cette séparation n'a lieu que pour la commodité des opérations, et l'agent de change à qui des *noms* sont endossés, et qui même les a déjà transmis, n'a fait qu'une chose provisoire tant que la différence qui peut lui être due ne lui a point été payée; tant qu'il n'a point acquitté celle dont il peut être redevable.

Conséquemment, le défaut de payement d'une différence annule la transmission faite par celui qui est débiteur de cette différence; et s'il se trouve que le premier endosseur manque à payer la différence qu'il doit à celui à qui il a rendu l'escompte, tous les escomptes *indirects* se trouveront annulés.

Supposez que les *noms provisoires Chabert*, au prix de 72, remis à M. Fremyot, ont été transmis par M. Fremyot à M. Genestet, vendeur à 73; par M. Genestet à M. Navarre, vendeur à 74; par M. Navarre à M. Dussol, vendeur à 75; par M. Dussol à M. Dallée, vendeur à 76 : chacun de ces agens de change doit au confrère à qui il transmet les *noms* une différence de 1000 fr. à 4000 fr.

Or si M. Dussol disparaît, et ne paye point à M. Dallée la différence de 4000 fr. qu'il lui doit, M. Dallée en préviendra le syndic avant l'ouverture de la Bourse, et remettra les *noms* (en biffant l'endossement : *à Dallée par Dussol*) à M. Navarre précédent endosseur.

Alors, en effet, M. Dallée, dernier porteur des *noms*, ne recevant point la différence qui lui est due par M. Dussol, n'est pas véritablement escompté, et ne devient point obligé à livrer la rente à M. Chabert, le souscripteur des *noms*.

Mais chacun des autres endosseurs ayant reçu la différence qui lui revenait, est obligé, par l'effet de l'escompte qui lui a été rendu, à effectuer ou à garantir cette livraison.

Ainsi M. Dussol venant à disparaître, M. Navarre, qui lui a transmis les *noms*, et lui a payé une différence de 3000 fr., demeure son créancier pour cette différence, et n'en est pas moins obligé de livrer la rente au souscripteur des *noms*, puisque M. Genestet, en l'escomptant indirectement, lui a payé la différence de 2000 fr. qui existait entre le prix des *noms* et le prix de la vente faite par M. Navarre à M. Genestet.

Mais si l'on suppose que c'est M. Fremyot lui-même, le premier endosseur, qui disparaît sans payer la différence de 1000 fr. qu'il doit à M. Genestet en lui transmettant les *noms Chabert*; alors les endosseurs subséquens et le porteur de ces *noms*, prévenus à la Bourse par M. Genestet, se rendront, de l'un à l'autre, et les *noms Chabert* et les différences que chaque escompté a reçus de son confrère; tous les escomptes *indirects* seront annulés, et M. Chabert n'aura de recours que contre M. Fremyot son vendeur, qu'il a escompté directement, et qui est obligé de livrer la rente que M. Chabert, acheteur, offre de payer.

Le porteur des *noms* jouit, pour livrer la rente, du même délai que le vendeur dans les marchés au comptant (*voyez* ci-dessus, p. 31 et 49); c'est seulement à la cinquième bourse qui suit celle où la remise des *noms* a été faite que le *rachat*, aux risques du vendeur en retard, peut être affiché pour la bourse du lendemain. Mais laisser passer cette cinquième bourse sans notifier le *rachat*, c'est, de la part du souscripteur des *noms*, déclarer aux endosseurs qu'il n'a point de réclamation à former, c'est-à-dire qu'il est livré de la rente qu'il a escomptée, ou qu'il accepte, pour unique débiteur, l'agent de change dernier porteur des *noms*, et qu'il renonce à tout recours en garantie contre son vendeur à qui il avait remis ses *noms*, et contre les endosseurs à qui ces *noms* avaient été successivement transmis.

La matière des escomptes est reconnue comme la plus compliquée et la plus ardue parmi les diverses opérations de la Bourse.

Art. 5. *Des Reports*.

Le *report* est une opération qui consiste à faire simultanément deux marchés, un achat et une vente, à terme différent.

On *reporte* du comptant à la fin du mois courant ou du mois prochain, et de la fin du mois courant à la fin du mois prochain.

La différence entre le prix de la rente au comptant et le prix qu'elle vaut livrable fin courant, ou fin prochain, ou entre le prix de fin courant et le prix de fin prochain, forme *le prix du report*.

Le *report* est le résultat le plus curieux et le plus utile du système des opérations de la Bourse.

Par le moyen du *report*, la spéculation se lie avec les marchés au comptant; le propriétaire d'effets publics a toujours la certitude d'obtenir immédiatement la valeur actuelle de son inscription, et même, s'il le préfère, de se procurer cette valeur pour un temps assez court et à un taux en général très-peu élevé; et enfin le capitaliste, quand il a, dans sa caisse, une somme disponible, mais pour peu de temps seulement, trouve encore à en faire un placement profitable.

Pour apprécier l'exactitude de ces assertions, il suffit de connaître les circonstances qui amènent et qui, chaque jour, renouvellent cette négociation.

1ᵉʳ. *Exemple.* M. Chabert, agent de change, a deux cliens : l'un, MM. Jacques Cœur et Comp.; ils possèdent une inscription de 3000 fr. de rente 3 p. 100, dont ils veulent se procurer la valeur; l'autre, MM. Demeuves et Comp.; ils ont spéculé à la baisse et ont vendu pour la fin du mois 3000 fr. de rente; la baisse est survenue, ou, dans tous les cas, l'échéance approche; et il faut que M. Demeuves et Comp. achètent, pour la livrer, l'inscription qu'ils ont vendue; mais ils n'ont point de capitaux actuellement disponibles et ne peuvent acheter que pour la fin du mois.

Ainsi, MM. Jacques Cœur et Comp. ont 3000 fr. de rente à vendre; MM. Demeuves et Comp. ont besoin d'acheter 3000 fr. de rente; et cependant ils ne peuvent conclure ensemble aucun marché, car MM. Jacques Cœur et Comp. ont besoin d'argent comptant, et MM. Demeuves et Comp. n'auront d'argent qu'à la fin du mois.

Dans cette position, M. Fremyot a pour client un capitaliste, MM. dé la Rivoire et Comp.; cette maison a des fonds disponibles pour acheter les 3000 fr. de rente 3 p. 100, mais elle ne veut point s'engager dans la rente, et peut-être a-t-elle besoin de pouvoir user de ses capitaux dans un délai peu éloigné.

Eh bien, M. Fremyot va conclure un *report* avec M. Chabert, et chacun des trois cliens aura obtenu ce qu'il désirait.

En effet, M. Chabert, agissant pour MM. Jacques Cœur et Comp., vend à M. Fremyot, agissant pour MM. de la Rivoire et Comp., 3000 fr. de rente 3 pour 100 à 77, au comptant, et les lui rachète pour MM. Demeuves et Comp. par un seul et même marché, à 77 fr. 10 c. livrable à la fin du mois.

Ainsi MM. Jacques Cœur et Comp. auront vendu leur inscription et en recevront le prix, c'est-à-dire 77,000 fr. immédiatement; MM. Demeuves et Comp. auront acheté, livrable fin du mois, une inscription de 3000 fr. à 77 fr. 10 c.; ils en payeront le prix avec les capitaux qu'ils auront disponibles à cette époque, et notamment avec le prix même qu'ils recevront, pour cette inscription, de l'acheteur à qui ils avaient vendu 3000 à découvert; et enfin MM. de la Rivoire et Comp., en achetant l'inscription dont MM. Jacques Cœur et Comp.

voulaient se procurer la valeur sans délai, et en revendant cette même inscription à MM. Demeuves et Comp. pour la lui livrer à la fin du mois contre le payement de 77,100 fr., auront fait le placement de leurs 77,000 fr., avec un intérêt de 100 fr. pour quelques semaines ou quelques jours, et un placement bien assuré puisqu'ils seront restés nantis de l'inscription.

Le *report*, dans ce premier exemple, aura servi à créer, entre le vendeur au comptant et le spéculateur, un intermédiaire qui se charge de l'inscription pendant l'intervalle de temps qui les séparait, et qui, par là, les rapproche et satisfait aux besoins de tous deux, en recueillant lui-même un léger bénéfice.

L'opération ainsi consommée est un *report direct*, et la différence du comptant à la fin du mois, ou *prix du report*, est cotée par les agens de change et rendue publique. Mais on conçoit que MM. Jacques Cœur et Comp., et MM. Demeuves et Comp. pouvaient n'avoir pas le même agent de change; alors si les trois agens de change s'étaient rencontrés au même moment, l'opération aurait pu se conclure de la même manière pour les cliens, mais comme la simultanéité des deux marchés ne serait pas alors prouvée par l'opération même, M. Chabert ue pourrait pas faire coter ce *report*, qu'on appelle *report indirect*.

2ᵉ. *Exemple.* Supposez les mêmes agens et les mêmes cliens que dans l'exemple précédent.

MM. Jacques Cœur et Comp. veulent acheter comptant, et au prix courant, qui est 77., 3000 fr. de rente 3 pour 100. MM. Demeuves et comp., soient qu'ils aient spéculé à la hausse, soit que, sans intention de spéculer, ils aient compté sur la rentrée de 77,000 fr. environ pour la fin du mois, somme qu'ils ont voulu placer en rente 3 pour 100, ont acheté 3000 fr. de rente livrables à la fin du mois; mais, ou la hausse est survenue et ils veulent réaliser, ou la rentrée sur laquelle ils comptaient n'aura point lieu, en sorte qu'ils désirent vendre pour le même terme les 3000 fr. de rente qu'ils ont achetés, afin que le prix de vente soit employé à payer l'achat.

Ces deux maisons ne peuvent contracter ensemble, quoique l'une veuille vendre et que l'autre veuille acheter; car celle qui veut acheter désire être livrée sans délai; celle qui veut vendre ne peut livrer qu'à la fin du mois, c'est-à-dire quand on lui fera livraison à elle-même.

Alors le client de M. Fremyot, la maison de la Rivoire et Comp., possède une inscription de 3000 ; et, en même temps, elle voudrait bien s'en procurer la valeur, mais pour quelque temps seulement, et sans sortir de la position qu'elle a prise dans les effets publics ; elle contracterait volontiers un emprunt, en donnant pour gage l'inscription dont elle est propriétaire.

Un *report* va rapprocher ces trois maisons, par l'entremise de deux agens de change.

M. Fremyot, agent de MM. de la Rivoire et

Comp., va vendre au comptant leur inscription de 3ooo à M. Chabert, agent de MM. Jacques Cœur et Comp., à 77, et va racheter, pour les mêmes cliens, 3ooo à 77 fr. 10 c. livrables fin courant, de M. Chabert agissant alors pour MM. Demeuves et Comp.

Ainsi, dans un moment où il ne se trouvait qu'un acheteur au comptant, et un vendeur à terme, le *report* aura fourni un vendeur au premier, et, au second, un acheteur; et de plus cet intermédiaire se sera procuré, moyennant un faible intérêt, les fonds dont peut-être il avait grand besoin dans l'intervalle entre le jour du contrat et la fin du mois.

3ᵉ. *Exemple.* MM. Jacques Cœur et Comp., jugeant l'effet de diverses entreprises financières conçues par plusieurs États, ont spéculé à la hausse; mais, comme leurs capitaux sont employés dans d'autres opérations, ils ont acheté à terme, c'est-à-dire livrable à la fin du mois, et non au comptant. La fin du mois approche, et la hausse qu'ils ont prévue ne s'est point encore manifestée; au contraire, il y a eu quelque baisse; ils ont acheté à 77; et la rente est à 76 fr. 3o c.: cependant, ils croient toujours à une hausse assez prochaine, et ils voudraient prolonger d'un mois leur opération.

Or, que leur faut-il trouver pour y parvenir? Un capitaliste qui consente à se mettre à leur place pendant un mois, c'est-à-dire, à payer pour eux l'inscription qu'ils ont achetée livrable à la fin du mois, et à leur restituer cette inscription à la fin du mois suivant à un prix un peu plus élevé, en sorte que la différence soit un bénéfice pour ce capitaliste, et lui représente l'intérêt de l'argent qu'il aura avancé.

L'agent de change de MM. Jacques Cœur et Comp. et l'agent de ce capitaliste concluront cette opération par un *report*; le premier vendra au second l'inscription qui doit lui être livrée à la fin du mois pour MM. Jacques Cœur et Comp., et la lui rachètera immédiatement pour la fin du mois prochain.

Le prix du *report*, ou intérêt du capital avancé, est, souvent, bien moins élevé que le taux légal de l'intérêt; d'abord, parce qu'un placement d'aussi courte durée est un grand avantage pour le capitaliste; et ensuite, par une autre cause que l'exemple suivant fera connaître.

Ainsi MM. Jacques Cœur et Comp., vendant à 76 fr. 3o c. (et conséquemment recevant, pour 3ooo fr. de rente 76,3oo fr., qui, avec 7oo fr. qu'ils devront débourser, serviront à payer les 3ooo qu'ils ont achetés à 77), ne rachèteront peut-être qu'à 76 fr. 4o c.; en sorte qu'ils n'auront à payer que 1oo fr. d'intérêt au capitaliste qui aura avancé pour eux 76,3oo fr. pendant un mois, ce qui équivaut à moins de $1\frac{3}{4}$ p. $\frac{o}{o}$ par an.

4$^{e.}$ *Exemple*. MM. Demeuves et Comp. ont entrepris une spéculation à la baisse; ils ont vendu, à découvert, 3ooo à 77 fr. fin courant. La rente se maintient à 77 fr. 5o c. environ. Comptant toujours sur la baisse, ils veulent prolonger leur opération.

Ils y parviendront, s'ils rencontrent un propriétaire de rentes qui veuille bien livrer pour eux la rente qu'ils ont vendue ; ils lui offrent cet avantage qu'il disposera, pendant un mois, du prix qui lui en sera compté fin courant, et le leur restituera seulement à la fin du mois prochain, quand eux-mêmes lui rendront l'inscription dont il va faire la livraison en leur place.

On voit que l'opération se conclura encore au moyen d'un *report*; l'agent de MM. Demeuves et Comp. achètera, pour la fin du mois courant, l'inscription du propriétaire et la lui payera avec le prix qui lui sera compté par celui à qui il avait vendu à découvert; puis, par le même marché, il revendra une semblable inscription au même propriétaire pour la fin du mois suivant. Si, pendant ce second mois, la baisse se déclare, MM. Demeuves et Comp. réaliseront leur opération ; ayant vendu 3000 à 77, ils les rachèteront peut-être à 75 ; et alors l'inscription rachetée sera livrée au propriétaire avec qui le *report* avait été conclu; et, dans le prix qu'il restituera, MM. Demeuves et Comp. trouveront et leur bénéfice et le prix de l'inscription rachetée à 75.

C'est ainsi que les spéculations à la baisse, en faisant éprouver au spéculateur le besoin temporaire d'inscriptions de rente en échange d'écus, maintiennent alors le cours même de la rente et procurent au propriétaire d'inscriptions des fonds dont il peut disposer pendant un mois, mais pour un intérêt d'autant moins élevé que les spéculateurs à la baisse sont plus nombreux.

D'après l'exposé de ces faits, on comprend que le *report* est la clef du système des opérations de la Bourse.

C'est par le *report* que la coutume a fait tourner les spéculations même au profit des besoins journanaliers du commerçant, et qu'elle lui permet de placer ses capitaux dans les effets publics en lui assurant la rentrée immédiate, et même temporaire, de son capital, si des événemens imprévus l'obligent à en disposer.

Art. 6. *De la Liquidation.*

Paul me doit 100; je dois 100 à Félix; que Paul paye 100 à Félix pour mon compte; et alors, par un seul payement, Paul et moi, nous serons libérés; Félix et moi, nous serons payés.

Paul me doit 100; je dois 100 à Félix; Félix doit 100 à Paul. Reconnaissons tous trois, d'un commun accord, la compensation; et aussitôt nous sommes, tous les trois, et payés et libérés.

Telles sont les bases de la liquidation; elle a pour but de faire connaître qui doit payer, qui doit recevoir, en définitive, parmi soixante agens de change, créanciers et débiteurs les uns des autres, à une même échéance, après des marchés sur des effets de diverses sortes, et à des prix très-variés.

L'idée n'en est pas nouvelle. Dès le douzième siècle, les Italiens avaient organisé la liquidation des payemens en foires de Champagne et de Brie; on appelait alors cette opération: *abattre les changes* (1). Elle eut lieu de la même manière aux foires de Besançon, de Plaisance, de Lyon, et y fut connue sous le nom de *rencontre*, ou *riscontre*, de *virement de parties* (2); c'est ainsi également qu'on liquida les marchés à terme si usités à Amsterdam (Savary, *Négoce d'Amsterdam*, chap. 6.)

Mais la liquidation de marchés à terme diffère d'une liquidation de simples payemens; car il faut liquider de doubles engagemens, ceux des vendeurs et ceux des acheteurs; c'est-à-dire, en matière d'effets publics, les dettes d'*effets*, et les dettes de *prix* ou d'*argent*.

Or, chaque agent de change sait bien, d'après l'état des marchés qu'il a faits pour la fin du mois, ce qu'il doit livrer ou lever, et ce qu'il doit payer, en liquidation; s'il a vendu 20000 fr. de rente 5 p. 100, et qu'il n'en ait acheté que 15000, il faut qu'il livre 5000 fr. de rente 5 p. 100. en liquidation; s'il a vendu 12000 fr. de rente 3 p. 100, et qu'il en ait acheté 24000, il faut qu'il lève 12000 fr. de rente 3 p. 100; et s'il a vendu les 20000 fr. de rente 5 p. 100 à 98, ou fr. 392,000, et les 12000 fr. de rente 3 p.

---

(1) Manuscrits de la Bibl. roy., suppl. fr., 198: *Devision des foires de Champaigne*; Ordonn. de 1344, art. 8; ordonn., tom. II, pag. 200.

(2) Raph. de Turri, *Capitoli di fiere*; Scaccia, § 2, gloss. 4. Cleirac, Commerce des lettres de change, chap. 13, n. 10. Règlement de Lyon de 1667, dans Jousse, Savary et Bornier; tout annonce que la circulation des lettres de change par la voie de l'endossement prend son origine dans la liquidation des payemens en foire.

100 à 70, ou fr. 280,000, ensemble fr. 672,000; et qu'il ait acheté les 15000 fr. de rente 5 p. 100 à 96, ou fr. 288,000, et les 24000 fr. de rente 3 p. 100 à 69, ou fr. 552,000, ensemble fr. 840,000, il faut qu'il paye, en liquidation, fr. 168,000.

Mais, pour savoir à qui il doit livrer les 5000 fr. de rente 5 p. 100; de qui il doit recevoir 12000 fr. de rente 3 p. 100; et qui a droit de toucher les 168,000 fr. dont il est débiteur, il est nécessaire que cet agent de change liquide les comptes particuliers de chacun des confrères avec qui il a traité.

La liquidation générale n'est que le résultat des liquidations particulières.

Cela posé, imaginez deux agens de change qui n'aient fait que deux affaires; chacun d'eux a vendu à l'autre, et a acheté de l'autre, une même quantité.

Si c'est au même prix, ils sont compensés en *effets*, et en *sommes*; aucun d'eux n'est débiteur ni créancier. Si ce n'est point au même prix, ils sont compensés en *effets* et ne le sont point en *sommes*; l'un d'eux doit à l'autre la différence entre les deux prix. Mais, dans l'un et l'autre cas, leur compte respectif est liquide; il est balancé, ou il est soldé par une différence; il n'y a pas de plus simple expression (1).

---

(1) C'est parce que le compte soldé en effets n'attend plus rien du travail de la liquidation, que plusieurs personnes pensent que la différence pouvait être exigée dès que le second marché est intervenu. *Voyez* ci-dessus, page 56.

Supposez, au contraire, qu'un agent de change qui a fait deux marchés, a acheté d'un confrère et vendu à un autre confrère; par exemple : M. Fremyot a acheté de M. Chabert 3000 à 70, et vendu à M. Dallée 3000 à 72. M. Fremyot ne lève, ni ne livre : et il a à recevoir en résultat 2000 fr. Mais il est indispensable qu'il liquide son compte avec M. Chabert et s'entende avec lui sur le payement des 70,000 fr. qu'il lui doit; il doit également s'entendre avec M. Dallée sur la livraison des 3000 fr. de rente qu'il s'est engagé à lui faire.

Alors commence la liquidation.

M. Fremyot n'a qu'un moyen pour liquider ces deux comptes; c'est de charger M. Chabert de livrer la rente à M. Dallée; et de charger M. Dallée de la payer à M. Chabert.

Ce but sera atteint si M. Fremyot reçoit de M. Dallée des *noms* (ou obligation de payer contre la livraison de la rente) qu'il transmettra à M. Chabert. Mais si, auparavant, M. Fremyot apprend que M. Chabert a lui-même acheté de M. Dallée, ces trois agens pourront éviter une circulation inutile, puisque M. Chabert rendrait à M. Dallée les *noms* que M. Dallée a remis à M. Fremyot; il leur suffit de convenir que l'obligation de livrer 3000 fr. de rente demeure compensée entre eux trois, et qu'ils sont, tous trois, livrés et libérés.

Cette voie, qui les dispense de souscrire ou d'endosser des *noms*, étant la plus simple, il s'ensuit que, pour se liquider, chaque agent de change doit, d'abord, s'informer auprès de ceux de ses confrères chez qui il est acheteur, et à qui il doit conséquemment remettre des *noms*, s'ils ne peuvent pas compenser avec lui par quelqu'un des confrères à qui il a vendu.

Ainsi la liquidation doit commencer par *les compensations* dites *directes*, qui la dégagent d'une quantité considérable de marchés lesquels se trouvent éteints, en ce qui concerne l'obligation de livrer la rente.

Quand la compensation pure et simple n'est point possible, il faut avoir recours à la circulation des *noms*.

Mais on conçoit que si chaque acheteur remettait ses *noms* au confrère de qui il a acheté, il n'y aurait aucune circulation; dans l'exemple précédent, si M. Fremyot remettait ses *noms* à M. Chabert, et que M. Dallée remît aussi ses *noms* à M. Fremyot (nul marché n'ayant eu lieu entre M. Dallée et M. Chabert), la liquidation n'aurait pas fait un seul pas. Conséquemment il faut que les agens de change qui lèvent des rentes en liquidation, délivrent seuls des *noms* pour les quantités qu'ils *lèvent*. Ces *noms* circuleront, et ne s'arrêteront définitivement qu'entre les mains des agens de change qui *livrent*.

Presque toujours cette circulation suffira pour solder, en *effets*, tous les marchés qui ont été conclus; tout acheteur aura délivré ou transmis des *noms*; tout vendeur aura reçu des *noms* qu'il aura transmis ou gardés.

Il pourrait arriver qu'il en fût autrement, et qu'il restât plusieurs marchés qui n'auraient point été soldés par la compensation, ni par les *noms*; mais ce serait nécessairement un ou plusieurs groupes d'agens entre lesquels la compensation serait possible, chaque agent se trouvant acheteur et vendeur chez deux de ses confrères du même groupe; par exemple : M. Dallée aurait acheté de M. Fremyot, qui de M. Chabert, qui de M. Genestet, etc., et le dernier aurait acheté de M. Dallée. Dans ce cas, un des agens ferait ses *noms* et la circulation les lui ramènerait, après avoir compensé tous les marchés faits par les agens d'un même groupe.

Jusqu'à présent, cela n'explique que la liquidation des dettes d'*effets*; celle des dettes d'*argent* s'opère simultanément, mais il faut la faire connaître.

On a vu que l'unique élément de la liquidation, c'est la cession de créance; un débiteur s'acquitte en cédant, sauf sa garantie, le débiteur qu'il a lui-même. M. Chabert a vendu à M. Fremyot 3000 à 70; M. Fremyot a vendu à M. Dallée 3000 à 72. M. Fremyot soldera sa dette d'*effets* chez M. Dallée en cédant à M. Dallée le droit d'exiger la livraison de ces effets chez M. Chabert. De la même manière M. Fremyot soldera sa dette d'*argent* envers M. Chabert, en lui cédant le droit d'en réclamer le payement chez M. Dallée.

Or, supposez que M. Dallée a fait ses *noms* au prix de 72, et les a remis à M. Fremyot; celui-ci les transmet par voie d'endossement à M. Chabert; mais, en lui donnant un billet de 72,000 fr., quand il ne lui doit que 70,000, M. Fremyot devient le créancier de M. Chabert d'une différence de 2,000 fr. Supposez maintenant que M. Chabert n'exécute pas ses engagemens, et qu'il ne livre point à M. Dallée les 3,000 fr. de rente; M. Dallée rachètera immédiatement cette même quantité de rente, au prix courant de l'effet. Si donc, à la première bourse qui suit le jour de l'échéance du marché, la rente vaut 73, M. Dallée payera 73,000 fr. pour avoir les 3,000 fr. de rente qu'il avait achetés de M. Fremyot à 72; c'est une différence de 1,000 fr. à son préjudice; il la réclamera contre M. Fremyot, qui recourra contre M. Chabert, et, en définitive, M. Fremyot sera créancier de 3,000 fr. chez M. Chabert.

Conséquemment si M. Dallée avait remis ses *noms* à 73, prix qui représente la valeur réelle de l'effet au moment où il doit être livré, M. Fremyot serait devenu débiteur d'une différence de 1000 fr. envers M. Dallée, et créancier d'une différence de 3000 fr. chez M. Chabert; mais cela exprimerait la position définitive des trois agens respectivement, dans le cas où M. Chabert n'accomplirait pas son obligation de livrer.

Or le même raisonnement s'applique à toute cession; il s'applique au débiteur du *prix* (1), comme au débiteur de *l'effet*.

---

(1) Si le cours du lendemain de l'échéance est à 66, et que M. Dallée refuse de payer son prix à M. Chabert, porteur de ses *noms*

Donc, en faisant toutes les compensations et toutes les transmissions de *noms* à un prix unique, savoir le prix courant de l'effet au jour où il doit être livré et payé, les différences qui en résulteront dans le solde de chaque marché, et, par suite, dans le compte de chaque agent, exprimeront sa position définitive, et ce dont il est réellement débiteur, s'il n'exécute pas ses engagemens, ou créancier envers ceux qui n'accompliraient pas leurs obligations envers lui.

Ce principe a été reconnu et adopté; on a décidé que la liquidation des marchés de chaque sorte d'effets serait faite par la compensation, *à un prix unique*, de toutes les dettes *d'effets*, sauf le règlement des *différences*, et que ce prix unique serait le prix moyen de chaque effet pendant la première bourse du mois, c'est-à-dire la première bourse qui suit celle de l'échéance des marchés dont la liquidation s'opère.

Ainsi, si M. Navarre n'a fait qu'une seule affaire, s'il a acheté de M. Genestet 3,000 à 70; et que le prix de compensation des rentes 3 0/0 soit fixé à 72;

à 72, et qui offre de livrer l'effet, M. Chabert revendra immédiatement à 66, et, en définitive, M. Chabert sera créancier d'une différence de 4000 fr. chez M. Fremyot, et M. Fremyot créancier d'une différence de 6000 fr. chez M. Dallée. — Eh bien, que M. Dallée eût fait ses *noms* à 66, tout cela était réglé dès le moment de leur transmission; il était reconnu comme débiteur d'une différence de 6000 fr. envers M. Fremyot, et M. Fremyot comme débiteur d'une différence de 4000 fr. envers M. Chabert.

M. Navarre fera ses *noms* à 72 et les remettra à M. Genestet ; alors il débitera M. Genestet de 72,000 fr. ; et comme il ne lui doit réellement que 70,000 fr. dont il l'a crédité lors de leur marché, il demeurera créditeur, pour solde, d'une différence de 2,000 fr. chez M. Genestet. Si M. Navarre paye 72,000 fr. au porteur de ses *noms*, d'une autre part M. Genestet devra lui payer 2,000 fr. ; il n'est donc toujours débiteur définitif en liquidation que de 70,000 fr. Mais, si l'effet ne lui était pas livré, M. Navarre, forcé de racheter au cours de 72, payerait effectivement 2,000 fr. de plus que le prix auquel il a acheté, et M. Genestet deviendrait, à titre d'indemnité, son débiteur de cette différence de 2,000 fr. ; la compensation au prix de 72 exprimait donc à l'avance et avec exactitude la position des deux agens.

L'adoption de ce principe a offert un autre avantage : c'est qu'elle a prodigieusement facilité les opérations de la liquidation. Que d'écritures et que d'entraves, si chaque agent qui lève faisait ses *noms* aux divers prix auxquels il a acheté, et si, quand ces *noms* circulent, il fallait que chaque agent notât et le prix de ces *noms*, et la différence qu'il doit à l'endosseur qui les lui transmet, ou dont cet endosseur lui est redevable. Avec des *noms* faits à un prix unique, la circulation est rapide et n'exige pas d'autre soin que de prendre note de l'endosseur de qui on les reçoit, puis du confrère à qui on les transmet.

Par les compensations, et par la remise et la circulation des *noms* au prix unique, dit *prix de compensation*, toutes les dettes d'effets sont effectivement soldées et *compensées*, mais à ce prix; et il ne reste plus que des *différences* pour solde de chacun des comptes particuliers que chaque agent de change a eus avec ses confrères. Alors chaque agent est débiteur du prix des *noms* qu'il a souscrits, ou créancier du prix des *noms* dont il est porteur; et, de plus, débiteur ou créancier du solde formant la balance des différences qu'il doit et des différences qui lui sont dues.

La comparaison entre ces deux quantités, par addition, si toutes deux indiquent qu'il est créancier ou qu'il est débiteur, et par soustraction si l'une exprime qu'il est débiteur et l'autre qu'il est créancier, représente, après que les droits respectifs de tous les agens de change ont été ainsi fixés, le résultat connu dès avant le règlement de tous les comptes (*voy.* p. 70), savoir : le solde définitif en argent que l'agent de change doit payer, ou qu'il doit recevoir.

Or, la somme de tous les soldes définitifs des agens débiteurs est nécessairement égale à la somme de tous les soldes définitifs des agens créanciers.

Conséquemment, après que la justesse des calculs a été reconnue, il suffit que les agens débiteurs versent dans une caisse commune les soldes dont ils sont redevables.

Puis les agens qui livrent remettront à un intermédiaire les effets ou inscriptions au nom des agens qui lèvent.

Alors les livraisons et les payemens étant effectués de la part des débiteurs soit d'effets, soit d'argent, la tradition en sera faite simultanément à chacun des agens créanciers soit d'argent, soit d'effets.

On voit que la liquidation ne concerne que les comptes des agens de change entre eux; les cliens y demeurent tout-à-fait étrangers.

L'agent de change qui a acheté et vendu une égale quantité d'effets n'a rien à livrer ni à lever en liquidation, et cependant il est possible que les cliens pour qui il a acheté lèvent, et que ceux pour qui il a vendu livrent. Alors il recevra le prix dû par ceux qui lèvent; il leur transférera les inscriptions provenant de ceux qui livrent, et s'il lui reste une différence de prix il en est nécessairement débiteur en liquidation; si, au contraire, les cliens qui lèvent payent moins qu'il n'est dû aux cliens qui livrent, la différence est nécessairement égale au solde définitif dont l'agent de change est créancier en liquidation.

Voilà les principes de la liquidation. Voici comment elle s'opère.

Le premier jour ouvrable de chaque mois, les agens de change, ou leurs commis, se réunissent à midi dans le cabinet de la liquidation.

Le premier jour est exclusivement consacré à la liquidation des inscriptions de rente sur le grand-livre, c'est-à-dire des rentes 5 p. 100, 4 ½ p. 100, 4 p. 100 et 3 p. 100.

. Chaque agent arrive avec une feuille sur laquelle il a porté le solde en *effets* de son compte avec chacun de ses confrères : à gauche, les confrères de qui il a acheté, et à qui il doit donner des *noms* ; à droite, ceux à qui il a vendu, et de qui il a des *noms* à recevoir.

Alors, il s'enquiert auprès de ceux à qui il doit donner des *noms*, s'ils ne peuvent pas compenser par quelqu'un des confrères de qui il a des *noms* à recevoir. Quand la compensation est possible, le troisième agent est appelé, et tous les trois notent la compensation, qu'on appelle *directe*.

Quand la compensation n'est pas possible, il lui remet des *noms*, soit de ses propres *noms* s'il lève, soit des *noms* qui lui sont transmis ; car la circulation des *noms* et les compensations *directes* sont simultanées. Afin de faciliter la circulation des *noms*, il est établi, d'une part, qu'il n'est pas permis de faire des marchés à terme pour une quantité moindre que 1,500 fr. de rente 3 p. 100, 2,500 fr. de rente 5 p. 100, et de même pour toutes les autres sortes d'effets, ni autrement que pour des quantités multiples de cette première, qui est considérée alors comme l'unité ; et, d'autre part, que les *noms* doivent toujours être faits par *coupures* qui représentent cette unité, c'est-à-dire par coupures de 1,500 fr. de rente 3 p. 100, 2,500 fr. de rente 5 p. 100, etc. Ainsi l'agent de change qui lève

12,000 fr. de rente 3 p. 100, doit signer huit bulletins de *noms*, n°. 1 à 8, de 1,500 fr. chacun, au prix de compensation.

Le cours moyen des effets au comptant, pèndant la bourse de ce même jour, détermine le prix unique de compensation pour chaque sorte d'effets.

Le second jour, on liquide de la même manière tous les marchés qui ont pour objet des effets publics français autres que les inscriptions sur le grand-livre, comme les actions de la Banque, les actions des canaux, etc., et tous les effets publics étrangers.

Le troisième jour, on rassemble tous ces résultats par le travail de la liquidation générale, qui se fait, sous la surveillance de trois agens de change, par six commis liquidateurs, et un employé de la compagnie qui a le titre d'agent comptable.

Ils se réunissent à six heures du soir, ainsi que tous les commis des agens de change, apportant chacun leur *feuille de liquidation*.

Chaque feuille de liquidation est ainsi composée :

Sur la quatrième page, est inscrit le compte des différences que l'agent doit à ses confrères, et des différences qui lui sont dues, avec l'indication du solde formant la balance.

La deuxième et la troisième pages sont consacrées au compte des effets. Sur la deuxième page, c'est-à dire à gauche, est l'état des effets qui doivent être livrés à l'agent de change, et pour lesquels il a donné des *noms* dont les porteurs, qui doivent livrer, sont alors indiqués dans cet état; l'agent de change en doit les prix calculés au cours de compensation.

Sur la troisième page, c'est-à-dire à droite, est l'état des effets que l'agent de change doit livrer, et pour lesquels il a reçu des *noms* dont les souscripteurs ont été indiqués dans cet état; les prix, dont l'agent de change est créancier, sont également calculés au cours de compensation.

Alors on procède au *pointage*, ou vérification, de chacun des articles portés et sur la feuille des différences (page 4), et sur la feuille d'effets (pages 2 et 3).

L'exactitude étant reconnue, le solde de la feuille des différences est porté au débit de la feuille d'effets, si ce solde est dû par l'agent de change, et au crédit, si ce solde est dû à l'agent de change.

La feuille d'effets présente alors, par débit et crédit, tout ce que l'agent de change doit, et tout ce qui lui est dû, en liquidation; conséquemment, le solde formant la balance de la feuille d'effets exprime le solde définitif dont l'agent de change est débiteur ou créancier en liquidation.

Ce solde définitif en débit ou en crédit, est porté sur la première page de la feuille de liquidation, laquelle ne contient que ce seul article. Il est vérifié et attesté par un des commis liquidateurs.

Quand cette opération est terminée, l'agent comptable et les commis liquidateurs procèdent au tableau de la liquidation générale; il se compose de deux états exactement balancés, savoir : pour les effets, l'état des agens qui livrent et de ceux qui lèvent; pour l'argent, l'état des agens dont le solde définitif est en débit, et de ceux dont le solde définitif est en crédit.

Le quatrième jour, on effectue les payemens et les livraisons.

Les agens débiteurs sont tenus de faire leur versement à la Banque avant midi; la Banque en crédite la chambre syndicale, et délivre à l'agent qui paye un bulletin que cet agent de change rapporte à l'agent comptable.

Les agens qui livrent des effets doivent également les remettre, avant une heure, à l'agent comptable, dûment transférés aux noms des agens qui lèvent, et accompagnés d'un bordereau de vente portant quittance du prix.

Quand *tous* les payemens sont faits à la Banque, et *tous* les effets remis à l'agent comptable, les commissaires de liquidation remettent à la Banque l'état des agens créanciers; la Banque crédite chacun d'eux, par le débit du compte de la chambre syndicale, qui se trouve ainsi balancé, du solde définitif dont chacun est créancier; et l'agent comptable remet à chaque agent de change la totalité des effets qu'il lève.

Alors la liquidation générale est terminée, et tous les marchés, qui avaient pour terme la fin du mois précédent, sont exécutés.

Deux observations feront sentir combien il im-

6.

porte à chaque agent de change de faire avec régularité les opérations de la liquidation.

Premièrement : un agent de change ne doit point donner des *noms* provisoires pour des effets qu'il ne lève réellement pas, mais dans la persuasion que la circulation lui ramènera ses *noms*, et que cela accélérera la liquidation.

En effet, il peut arriver que la circulation lui amène les *noms* d'un agent qui lève, et que les *noms* qu'il a souscrits, au lieu de lui revenir, s'arrêtent dans les mains d'un agent qui livre.

Alors l'agent de change, qui a émis ses *noms* quoiqu'il ne fût point acheteur en définitive (ou , ce qui revient au même, pour une quantité plus forte que ce qu'il lève réellement), se trouve néanmoins, par les *noms* dont il est resté détenteur et qu'il ne peut plus négocier, ayant remis ses *noms* quand il devait attendre la rentrée de *noms* en circulation , obligé de transférer en liquidation une inscription de rente à l'agent de change qui a souscrit les *noms* dont l'agent en faute est porteur.

Il est vrai qu'une inscription toute semblable lui sera rendue en liquidation , par le porteur des *noms* qu'il a imprudemment émis ; mais il aura été obligé de faire l'avance d'une inscription qu'il ne possédait peut-être pas afin de la livrer en liquidation. Il aura levé et livré, quand il ne devait ni livrer ni lever.

Secondement : il ne faudrait pas surtout qu'il cherchât , pour éviter cette avance , à échanger les *noms* dont il est porteur contre les *noms* qu'il a émis ; et, en général, l'agent de change qui, après avoir donné ses *noms*, vend encore à la seconde bourse du mois, ne doit pas échanger les *noms* que son acheteur lui remet, avec ses *noms* dont un confrère est porteur.

En voici la raison : le porteur des *noms* que j'ai émis est obligé de me livrer l'effet ; mais, s'il ne livre pas, j'ai pour garans tous les endosseurs qui le précèdent, jusqu'au premier endosseur qui est mon vendeur direct, et à qui j'ai remis mes *noms*.

Si donc je substitue, entre les mains du porteur de mes *noms*, les *noms* qui m'ont été remis, et que je les lui endosse en échange des miens, il arrive que, ce confrère venant à faillir et ne livrant pas, je demeure garant de la livraison de l'effet envers le souscripteur des *noms* que j'ai endossés ; mais que je n'ai plus de titre pour recourir contre les confrères qui avaient endossé mes *noms* et contre mon vendeur direct.

Avant l'échange, j'avais l'obligation du porteur de mes *noms* garantie par tous les endosseurs. Depuis l'échange, j'ai toujours l'obligation du même confrère, en ce sens qu'il est obligé, à [ma décharge, de livrer l'effet au souscripteur des *noms* que je lui ai endossés ; mais j'ai supprimé, par l'échange, le titre pour lequel j'avais des garans de cette obligation, et j'y ai substitué un titre pour lequel je n'ai pas d'autre obligé que ce confrère.

Je devais donc ne rien transmettre à celui avec

qui je n'ai point fait de marché; et livrer en liquidation l'effet dû au souscripteur des *noms* qui
m'ont été remis; un effet semblable m'aurait été
livré en liquidation par le porteur de mes *noms*,
et, à son défaut, par les endosseurs qui sont
garans de la livraison à faire aux *noms* qu'ils ont
endossés.

Art. 7. *De la Coulisse.*

Dans un local précédemment consacré à la tenue
de la Bourse de Paris, il se trouvait un couloir
séparé, par une cloison à hauteur d'appui, du lieu
où les commerçans étaient assemblés; ce couloir
se prolongeait jusqu'auprès du *parquet* des agens
de change. C'est là que se réunissaient les personnes qui font, entr'elles et sans le ministère des
agens de change, des marchés sur les effets publics.

On a appelé ce lieu *la coulisse*, et de là cette espèce
de spéculateurs a conservé le nom de *coulissiers*.

Ce qui caractérise leurs opérations, c'est que,
n'employant pas l'entremise des agens de change,
qui, par la coutume autant que par la loi, sont
exclusivement chargés de la négociation des effets
publics, le *coulissier* renonce à tout moyen de
droit pour contraindre celui avec qui il traite à
livrer ce qu'il vend ou à payer ce qu'il achète; et
conséquemment, entre deux *coulissiers*, la convention tacite est que tout marché sera liquidé,
au moment de l'échéance, par un marché inverse,
au cours du jour, entre les deux contractans, en

sorte que le résultat sera toujours senlement un payement de différence.

Ainsi, Lyonnet a vendu 3,000 fr. rente 3 p. 100, fin novembre, à Lalau, au prix de 70. Si, le 1er. décembre, le cours de la rente 3 p. 100 est à 72, Lyonnet devra à Lalau une différence de 2,000 fr., parce que leur marché se compense au cours de 72 ; ce qui signifie que Lalau est censé vendre, à ce cours et au comptant, 3,000 fr. de rente à Lyonnet ; en sorte que Lyonnet doit 72,000 fr., et est créancier de 70,000 ; ce qui, compensation faite, le rend débiteur pour solde d'une différence de 2,000 fr.

Or, la convention entre les deux *coulissiers* emportant la condition que le vendeur ne pourra être forcé de livrer, ni l'acheteur forcé de payer, et que le marché à terme sera, à l'échéance du terme, balancé par un marché contraire, c'est-à-dire, par la revente que l'acheteur fera au vendeur d'après le cours du moment de l'échéance, il suit que cette opération ne constitue point un marché réel et sérieux. On n'est point engagé comme vendeur, quand, en même temps, on stipule que l'acheteur revendra la même quantité, afin que l'une et l'autre parties soient dispensées et de livrer et de payer.

Les conventions entre *coulissiers* ne sont donc que des *marchés fictifs*. Elles se réduisent à la promesse, de part et d'autre, de se payer la différence en hausse ou en baisse, entre le cours actuel et le cours de telle autre époque, sur une quantité déterminée ; l'un promet de payer cette différence en cas de hausse ; c'est le prétendu vendeur ; l'autre de la payer en cas de baisse ; c'est le prétendu acheteur. (*Voyez ci-dessus*, p. 4, et 5.)

§ 3. De l'opposition entre la coutume, la législation et la jurisprudence, sur les opérations de Bourse.

Le législateur de 1724 n'a point exprimé qu'il prohibait les marchés à terme et les engagemens de garantie consentis par les agens de change; mais, voulant arriver à ce but pour détruire les spéculations à la baisse, il s'y est pris, ce semble, avec beaucoup plus d'habileté.

Au lieu de prohiber simplement, il a conçu et présenté une organisation qui s'accordait avec son but.

Il s'était attaché à trois points : le secret des opérations, en sorte que les parties pussent traiter sans se connaître; le nantissement préalable des agens de change, qui ne devaient vendre ou acheter qu'ayant les effets ou le prix; la désignation spéciale et individuelle des effets vendus, laquelle devait être consignée sur le registre des agens de change qui en rappelaient l'article sur leur billet de négociation.

En observant exactement ces trois mesures, il ne pouvait se faire que des marchés au comptant; toute spéculation à la baisse se trouvait empêchée, et le spéculateur à la hausse n'avait plus aucun moyen d'influer sur les cours dans l'intérêt de sa spéculation.

Si l'autorité, qui avait si bien combiné l'arrêt de 1724, avait mis autant de persévérance à contenir les agens de change qu'elle nommait, dans la ligne qu'elle leur avait tracée, sans doute elle aurait fondé un usage conforme à ses principes, et elle aurait écarté de la Bourse les spéculations dont le gouvernement s'était alarmé.

Mais les alarmes cessèrent, et le règlement fut oublié. Jamais, depuis, on ne revint aux bases qu'il avait posées.

Des spéculations qui continuèrent, résulta une coutume avec laquelle l'arrêt de 1724 ne pouvait s'ajuster; et quand, soixante ans après, de nouvelles inquiétudes déterminèrent l'intervention du gouvernement, il exhuma l'arrêt de 1724; mais il est facile de voir qu'on ne le comprenait plus, ou qu'entraîné par la coutume le gouvernement renonçait à imposer à la Bourse l'observation de cet arrêt.

Les arrêts de 1785 et 1786 n'insistent pas sur la désignation spéciale et individuelle des effets vendus.

Ils autorisent les marchés à terme, pourvu que le vendeur possède actuellement l'effet qu'il s'engage à livrer ; mais, par cela même, ils abandonnent ou le principe du secret, ou le principe du nantissement préalable ; car, l'agent de change ne devant point donner sa garantie, il faut ou qu'il reçoive actuellement les deniers destinés au payement, et alors que signifie une vente à terme? ou qu'il fasse connaître le nom du client qui est le débiteur.

Les principes de 1724 étaient donc oubliés en 1785; l'art du législateur n'était pas moins complétement méconnu; en 1785, on ne dit plus ce qu'il faut faire; on ne creuse plus un lit à la coutume; on essaye de lui opposer une digue; on prohibe.

La législation de la convention et du directoire ne cherchait point à employer l'adresse. Elle prohiba, et punit comme agiotage, tout marché autre qu'au comptant. C'était le résultat, mais sans la forme, du système de 1724.

Proscrire tout marché à terme, c'était abroger les concessions de 1785. La législation de l'empire les octroya de nouveau par le Code pénal de 1810.

Ainsi, des trois principes fondamentaux de la législation primitive, l'un, savoir : le principe de la désignation spéciale des effets vendus, est tombé dans une entière désuétude; les deux autres, savoir : le principe du secret et le principe du nantissement préalable, sont maintenus par le législateur.

Mais 1°. le principe du nantissement préalable souffre une exception dans le cas de marché à terme, car les arrêts de 1785 et 1786 n'exigent le nantissement qu'à l'égard de l'agent de change du vendeur; et en effet, puisque le législateur permet d'accorder terme à l'acheteur, c'est qu'il autorise l'acheteur à terme à traiter, quoiqu'il puisse n'avoir l'argent nécessaire pour payer qu'à l'échéance du terme.

2°. Le principe du secret souffre aussi, dans la pensée du législateur, une exception forcée; car l'agent de change, à qui il est sévèrement interdit de se rendre garant de l'exécution du marché (C. de com. art., 86), doit faire connaître le nom du client qui s'oblige à payer et qui ne nantit pas son agent de change.

Or, ce reste de législation, obscur, mal conçu et mal exprimé, est méconnu par la coutume, non-seulement dans les marchés à terme, mais jusque dans les marchés au comptant.

C'est au principe du secret que la coutume a donné la préférence; elle abandonne et repousse le principe du nantissement préalable, et maintient la responsabilité, et conséquemment exige la garantie de l'agent de change, malgré la défense expresse de la loi.

Il n'y a point de bourse où de nombreux spéculateurs ne vendent à terme des effets publics sans les posséder ni les devoir posséder au jour de l'échéance; l'agent de change, sans avoir l'effet ni la preuve que son client le possède, ou le doit posséder, est garant envers son confrère de l'engagement qu'il a contracté.

Jamais l'achéteur à terme ne se fait connaître, et son agent de change est toujours le seul débiteur désigné à l'agent de change vendeur et à son client.

Dans les marchés au comptant même, l'agent de change assume fréquemment la garantie que la loi lui interdit. Quand il transfère et livre les effets à son client dès le lendemain de l'achat fait en bourse, quand il lui paye le produit d'une négociation le lendemain du jour où la vente a été effectuée (Voy. *ci-dessus*, p. 33), il prend à ses risques la livraison ou le payement dont il fait l'avance; s'il n'est point livré de l'effet, ou s'il n'est pas payé du prix par son confrère, il supporte sans recours la perte qui résulte de l'inexécution du marché.

Ainsi le veut la coutume; et la coutume est suivie, quoique la loi prohibe et punisse ces ventes du spéculateur, et cette garantie des agens de change; (C. pén., art. 419, 421, 422; C. de c., art. 86 et 87.)

Entre les prohibitions sévères de la loi et la liberté sans limites de la coutume, la jurisprudence a suivi une voie intermédiaire.

Il paraît impossible, en effet, de ne pas reconnaître, dans les jugemens et les arrêts, l'application constante d'un principe différent des règles tracées par la législation.

Toutefois, ce principe n'est point une innovation introduite par la jurisprudence; il avait un précédent dans les arrêts du conseil. Quand M. de Calonne fit déclarer, par l'arrêt du 7 août 1785, que l'arrêt de 1724 était remis en vigueur, le conseil prononça la nullité de tous marchés à terme non accompagnés du dépôt des effets vendus; mais il ajouta que les marchés antérieurs à la publication de son arrêt seraient validés, à la condition qu'ils fussent visés pour contrôle dans le délai de huitaine, et suivis, dans les trois mois, du dépôt des effets vendus (art. 7.); puis, l'arrêt du 2 octobre suivant, rendu en exécution du précédent, explique cette mesure de la manière suivante: « ...Sa Majesté a jugé convenable d'accélérer l'effet de la disposition (art. 7) de son arrêt du 7 août dernier, *qui a eu pour but de distinguer les contractans en état de remplir leurs engagemens, d'avec ceux à qui la livraison de ce qu'ils ont vendu serait dans tous les cas impossible ..... »* Pour atteindre promptement ce résultat, une commission spéciale fut chargée de liquider tous les marchés à terme, et de prononcer, d'après ce principe, sur la validité ou la nullité des engagemens (1).

Ainsi, pour liquider les marchés à terme antérieurs à l'arrêt du conseil du 7 août 1785, la commission devait s'attacher à ce caractère : « Les contractans étaient-ils en état de remplir leurs engagemens? » Si, oui ; le marché est sérieux et valable; si, non ; il est fictif.

Or, il est évident que cette règle transitoire est tout autre que la règle désormais exigée, savoir : le dépôt des effets vendus, ou des pièces probantes de la propriété. (Art. 7 de l'arrêt du 7 août; art. 6 de l'arrêt du 2 octobre.)

D'après cette seconde règle, la preuve que les contractans étaient en état de remplir leurs engagemens, et qu'ainsi leur marché était sérieux, résulte exclusivement du dépôt de l'effet ou des pièces; les juges n'ont que ce fait à reconnaître; point de dépôt au moment de la signature de l'engagement, point de marché valable.

---

(1) *Voy.* Manuel des agens de change, p. 119 et suiv.; arr. du 2 octobre 1785 ; préambule et art. 1 à 3.

D'après la règle adoptée pour le travail des commissaires, la preuve résulte de l'ensemble des faits : elle n'est attachée à aucun fait précis et exclusif de tout autre; c'est une appréciation livrée à leurs lumières et à leur conscience ; le marché peut être déclaré sérieux et valable, quoique le dépôt n'ait point été effectué.

Cette latitude dans l'application des lois pénales et prohibitives était tout-à-fait dans les habitudes de l'ancienne jurisprudence ; et il n'est pas étonnant que, la commission ayant pris, pour base de la liquidation qu'elle opéra, cette règle de décision, la même règle se soit trouvée transmise à la magistrature, quand l'autorité lui rendit, par l'arrêt du conseil du 14 juillet 1787 (*ibid*, p. 161), la connaissance de tous les faits d'agiotage.

En effet, le parlement, sans s'arrêter aux termes des deux arrêts de 1785, suivit les mêmes erremens que les commissaires ; un arrêt, du 7 avril 1789, valide un marché à terme d'effets publics, où il n'y avait ni dépôt préalable, ni observation du terme de deux mois seulement, ni même entremise d'agent de change, mais où l'intention et la possibilité de livrer étaient incontestables (1).

Cette jurisprudence s'est maintenue. Dans l'arrêt le plus sévère qui ait été rendu contre les marchés

---

(1) Merlin, Répert. de jurisp.; *V*. *Marché à terme*, § 2, n. 1; p. 522, 5ᵉ. édit. Cet arrêt a été cassé, mais en août 1791, quand déjà l'on recommençait à craindre les spéculateurs à la baisse.

à terme, la cour établit que ce sont les *jeux de bourse*, ou paris sur la variation du cours des effets publics, que la loi s'est proposé d'atteindre, et elle se borne à ajouter que le caractère du jeu *se manifeste principalement* par la circonstance que le vendeur n'a point déposé les effets vendus. (Arrêt du 19 août 1823, *ibid*, n°. 5 *bis*, p. 526). Ces expressions indiquent suffisamment que la cour considère le dépôt des effets vendus comme une preuve parfaite que le marché à terme n'est point un jeu de bourse, mais aussi qu'elle ne regarde point ce moyen de preuve comme le seul qu'il lui soit permis d'admettre.

Supposez qu'un agent de change, nanti d'une *couverture*, a été chargé par son client d'acheter 3000 fr. de rente; à la fin du mois, le client refuse de payer le prix de la rente achetée; son agent de change revend aussitôt, au cours de la première bourse du mois suivant, la même quantité d'effets, et réclame contre son client la différence entre le prix d'achat et le prix de revente. Vainement le client invoquera-t-il les arrêts de 1785, et l'absence de tout dépôt lors du marché à terme; la cour, appréciant les circonstances, et reconnaissant que les contractans étaient en état d'exécuter leurs engagemens, pourra condamner le client à payer cette différence (1).

---

(1) C. de Paris, 29 mars 1832; aff. Verrier contre Loubers; Dalloz, 1832, 2, 150.

Si l'on recherche la cause de cette opposition entre la jurisprudence et la législation, il semble permis de croire qu'elle réside en ce que jamais la magistrature n'a accepté la loi dans le sens qui a présidé à sa confection.

La loi prohibitive des marchés à terme est une loi politique; elle veut pouvoir atteindre et punir les spéculations à la baisse quand elles menacent le crédit du gouvernement.

L'acheteur à terme spécule à la hausse, aussi n'est-il soumis à aucune peine; le vendeur seul est puni, et par le Code pénal, et par la loi du 13 fructidor an III, (et par l'acte du parlement anglais de 1734, art. 8. Voy. *Moniteur* du 3 sept. 1823).

La magistrature ne veut y voir, au contraire, que le motif dont M. de Calonne colorait ses arrêts, l'intérêt des familles. Alors elle fait servir la prohibition à annuler, comme jeux de bourse, des engagemens évidemment excessifs, mais elle maintient comme marchés sérieux, malgré les vices de forme, les marchés qui lui paraissent se renfermer dans des limites raisonnables. Elle n'accorde aucune action contre le spéculateur ou l'agent de change qui a acheté 150,000 fr. de rente; elle condamne le spéculateur qui a acheté 3,000 fr. (1).

____

(1) Il est vrai que, dans l'arrêt du 29 mars 1832, la cour a posé en fait que l'*agent de change du vendeur* avait toujours eu à sa disposition 3000 fr. de rente; mais ce fait n'a point d'importance; il ne figure là sans doute que pour éviter la cassation; qu'importe que l'agent

Aussi, quoique des marchés à terme aient été déclarés par des arrêts n'être que des *paris* et des *jeux de bourse*, quoique tous les jours il se contracte une grande quantité de ventes à terme, sans que le vendeur possède ni doive posséder à l'échéance les effets vendus, pas un magistrat n'a requis, contre ces vendeurs, l'application des art. 419, 421 et 422 du Code pénal; la cour n'a jamais prononcé que la nullité des marchés. Il est fâcheux, mais il est vrai de dire, que ces peines restent en réserve jusqu'au moment où quelque secousse politique armera de nouveau le gouvernement contre les spéculateurs à la baisse.

§ 4. Des moyens de remédier à l'opposition entre la coutume, la législation et la jurisprudence, sur les opérations de Bourse.

Quand les commerçans les plus honorables de toutes les parties du monde se livrent chaque jour à des opérations que la loi et la jurisprudence proscrivent, il importe d'apprécier et les argumens de la jurisprudence et les motifs du législateur.

On a contesté la validité des marchés à terme,

---

de change ait eu à sa disposition une inscription de rente de 3000 fr.; ou se trompe fort si l'on en conclut que le vendeur était propriétaire de la rente qu'il a vendue; ou même que l'agent de change n'a vendu que ce qu'il possédait. Qui constate que le client vendeur était propriétaire de l'inscription que l'agent de change avait en son nom, et surtout que la même quantité n'a pas été vendue à dix acheteurs différens?

en disant que *vendre ce qu'on n'a pas, est une vente nulle par elle-même.* (Préambule des arr. du 7 août et du 2 octobre 1785; Man. des Ag. de Ch., p. 114 et 122); il est vrai que jamais la magistrature n'a reproduit une objection aussi dénuée de fondement. *Vendre ce qu'on n'a pas*, c'est s'obliger à livrer une chose que l'on se propose d'acheter ; le lien qui constitue cette obligation est déterminé par l'indemnité qu sera due au créancier, si le débiteur n'accomplit pas la livraison qu'il a promise. Cette obligation est donc valable; elle n'est pas entachée du moindre vice quand elle intervient entre deux parties capables de contracter. L'obligation de celui qui promet de livrer à une certaine époque dix milliers de café Bourbon, ou une inscription de 3,000 fr. de rente, quoiqu'il ne possède actuellement ni les cafés ni la rente, est exactement de la même nature que l'obligation de celui qui promet de payer à la même époque le prix convenu, quoiqu'il n'ait point actuellement dans sa caisse les deniers nécessaires pour effectuer ce payement. Celui qui a promis de livrer les cafés ou la rente devra, s'il ne livre point à l'échéance, indemniser celui envers qui il s'est engagé à faire cette livraison, lequel est créancier de cet engagement; celui qui a promis de payer devra, s'il ne paye pas, indemniser celui envers qui il s'est obligé à payer, lequel est créancier de prix. Le terme est accordé au vendeur pour qu'il se procure la chose vendue; à l'acheteur, pour qu'il se procure la somme destinée au payement. L'indemnité est facile à évaluer : vendeur de dix milliers de café, je ne livre pas à l'échéance ; aussitôt celui à qui j'ai vendu rachète d'un ou de plusieurs autres commerçans les dix milliers de café sur lesquels il a dû compter ; et, s'il les paye plus cher que je ne les lui avais vendus, pour indemnité il réclame contre moi la différence. Si je suis prêt à livrer et que l'acheteur refuse de recevoir et de payer, je cherche un autre acheteur ; et si la baisse des prix me force de vendre moins cher, je réclame, contre le premier acheteur, la différence entre les deux prix ; par ce moyen je suis indemnisé ; autrement je serais en perte. Ainsi, vendre à terme ce que l'on ne pourrait pas livrer actuellement, est une obligation très-régulière. Il y a plus : le résultat ne serait pas autre si le vendeur avait, au moment du contrat, possédé dix milliers de café ou une inscription de 3,000 fr. de rente, car s'il refuse de les livrer à l'échéance, ou si, auparavant, il les vend et les livre à une autre personne, il ne devra toujours à l'acheteur à terme que l'indemnité résultant de la différence entre le prix d'achat et le prix courant après le terme expiré.

Pour attaquer les marchés à terme, on a dit encore (1) que ce n'était qu'une spéculation sur *des différences* de bourse faite par le spéculateur avec

---

(1) C. roy Paris, 19 août 1823 ; et C. de cass. 11 août 1824 ; Merlin, *Répertoire de jurisprudence*, *V^{is}*. Marché à terme, § 2, n°. 5 *bis*.

l'*intention* de ne point acheter ni payer la **chose**
vendue, mais seulement de payer où d'encaisser,
suivant le résultat, la différence entre deux cours. En
fait, cette manière de spéculer est fort usitée ; mais
il est difficile de voir qu'il y ait là quelque chose de
vicieux et d'illicite. La vente *à crédit* n'a été ad-
mise par l'usage universel du commerce que dans
le but précisément de permettre au commerçant en
détail de revendre et de payer ce qu'il a acheté
avec le prix qu'il en retire ; que lui reste-t-il pour
bénéfice ? *une différence*. Le spéculateur atteint
un semblable résultat lorsqu'il achète livrable à
terme, moyennant un certain prix, et que, dans
l'intervalle, il revend à un prix plus élevé ; alors la
livraison peut se faire directement par le vendeur
primitif au second acheteur, et le spéculateur n'aura
qu'à recevoir *une différence*. Qui n'a vu, dans l'espace de peu d'heures, l'achat d'un immeuble même,
passer ainsi dans plusieurs mains ?

Mais comme une telle opération, quelqu'im-
prudente qu'elle puisse être, du moins est, en
droit, tout-à-fait irréprochable, on a ajouté que les
marchés de bourse ne sont pas sérieux ; que ce sont
des *marchés fictifs*, dans lesquels le vendeur ne
s'oblige point à livrer, et l'acheteur ne s'oblige point
à payer ; mais seulement chacun d'eux s'oblige à
payer à l'autre une *différence* selon le cours du jour
du terme comparé au prix du marché (1).

---

(1) *Ibid.* et Coffinières, *de la Bourse et des spéculations à terme*,
p. 90.

Cette allégation est absolument inexacte; les personnes qui y ajoutent foi seront détrompées aussitôt qu'elles auront bien voulu prendre la peine d'étudier et de connaître les opérations qui se font à la Bourse.

Il ne se conclut pas à la Bourse, par l'entremise des agens de change, un seul marché qui ne soit sérieux, et dans lequel le vendeur ne s'oblige à livrer, et l'acheteur à payer effectivement, l'un l'inscription de rente, l'autre le prix convenu. L'organisation coutumière de la Bourse est même telle, à raison de l'entremise des agens de change, garans personnels de leurs cliens, qu'il est à peu près impossible qu'aucun marché soit *fictif*.

Il n'y a de marchés *fictifs* que ceux qui interviennent entre les *coulissiers* (Voy. *ci-dessus*, p. 86), en dehors des règles que la coutume a établies. Alors, il est vrai, il n'y a point de marché, il n'y en a que l'apparence; les deux contractans sont bien d'accord sur ce point, qu'il ne s'agit pas entre eux de livrer réellement et de payer une inscription vendue, mais seulement de payer la différence entre le prix convenu dans leur marché et le prix que l'inscription vaudra au jour de l'échéance. La convention n'est donc véritablement que la promesse respective de payer la différence entre un cours fixe et un cours incertain; on l'a qualifiée de *jeu*, de *pari*; il est au moins certain que ce n'est point une vente, ou marché.

Mais les opérations de bourse qui se font à terme,

par le ministère des agens de change, sont des marchés sincères et sérieux; les qualifier de *marchés fictifs*, de *jeu*, de *pari*, pour les déclarer non obligatoires (C. civ., art. 1965.), et les punir (C. pénal, art. 419, 421, 422), c'est imiter le législateur de 1716, qui prononce que les spéculations de bourse sont des *usures*, afin d'appliquer aux spéculateurs l'ordonnance de 1311 contre les *usuriers*. (Voy. *ci-dessus*, p. 9.)

D'après la coutume de la Bourse, le commerçant qui fait vendre de la rente à terme est aussi sérieusement obligé à en faire la livraison effective à son agent de change pour le jour du terme, que celui qui la fait vendre au comptant : l'agent de change, qui, tenu de garder un inviolable secret, représente et garantit son client vis-à-vis de son confrère, est également obligé de livrer en liquidation l'inscription qu'il a vendue. Il en est de même des obligations de l'acheteur. La convention que le marché ne se réalisera pas, et qu'il se réduira au payement de la différence entre le prix du marché et le prix du jour de l'échéance, est sans exemple, et ne peut pas intervenir. car les parties restent inconnues l'une à l'autre; et à la Bourse, où les marchés sont conclus par les agens de change, publiquement, à haute voix, il serait impraticable de troubler la rapidité des opérations par une convention inusitée, et qui supposerait un dialogue entre les deux agens de change pour s'informer réciproquement que le client de chacun d'eux n'entend faire qu'un marché fictif.

Il est vrai que le concours perpétuel de vendeurs et d'acheteurs donne au spéculateur une grande facilité pour acheter ce qu'il a vendu à terme sans le posséder, ou pour vendre avant l'échéance ce qu'il a acheté sans avoir les moyens de le payer ; mais l'un et l'autre marché n'en sont pas moins réels ; il a acheté d'une personne, et il revend à une autre. Il est vrai encore que, de la fixation d'un même terme pour l'échéance de ces deux marchés, il résulte que le spéculateur, qui s'est compensé, pourra se dispenser de prendre livraison, en mettant à sa place celui à qui il a cédé son marché, et se bornant à recevoir la différence s'il l'a cédé avec bénéfice ; mais l'obligation de recevoir et de payer n'en est pas moins effective, car le spéculateur demeure garant du payement envers la personne de qui il a acheté, et garant de la livraison envers celle à qui il a vendu. L'inscription qui devait lui être livrée, sera livrée à la personne à qui il a vendu, laquelle sera tenue d'effectuer le payement qu'il devait faire.

Cette livraison directe et abrégée est la liquidation dans son expression la plus simple. Supposez trois personnes : la première personne vend à la seconde 3,000 fr. de rente ; le seconde vend à la troisième 3,000 fr. de rente, le tout livrable fin du mois. Qu'y a-t-il en résultat ? un vendeur, un acheteur ; le premier et le troisième ; puis une personne qui, ayant vendu et acheté une même quantité, n'est ni vendeur ni acheteur, qui a compensé son compte.

Ce résultat est mis à découvert par une liquidation ; que l'acheteur délivre à celui de qui il a acheté, son obligation de payer 3,000 fr. de rente (*ses noms*); celui-ci la transmettra à son vendeur, la première personne ; et ainsi la première personne livrera son inscription à la troisième ; la seconde n'aura qu'à toucher une différence si elle a vendu plus cher qu'elle n'avait acheté, sinon elle devra la payer au vendeur.

Or, quelle que soit la multiplicité des opérations, la nature en est toujours la même ; y eût-il dix intermédiaires entre la première personne (celle qui a vendu et n'a point acheté), et la dernière (celle qui a acheté et n'a point vendu), tous les marchés faits, par chacune d'elles, sont sérieux et réels, quoique la liquidation les réduise à une seule livraison ; de la même manière que, le jour de l'échéance d'une lettre de change, le payement fait par l'accepteur au porteur, produit et réalise autant de payemens de pareille somme qu'il y a d'endosseurs ; les dettes qui se trouvent éteintes par ce payement unique ne sont pas plus fictives que les marchés à terme exécutés, au moment de la liquidation, par une seule livraison.

Ces faits sont positifs ; et c'est une connaissance élémentaire pour quiconque a fait reposer son attention sur le mécanisme d'une circulation de créances ; le résultat est toujours d'éteindre, par un seul accomplissement matériel, une quantité indéfinie d'engagemens intermédiaires contractés par des personnes dont chacune est tout à la fois débitrice d'un côté et créancière d'une autre part.

Certes, ces idées étaient familières à M. de Calonne; c'est donc sciemment qu'il inspira aux membres du conseil du roi, moins versés que lui en cette matière, des craintes chimériques sur *cette masse d'engagemens portée au delà même de ce qui existe* (Préambule de l'arrêt du 2 octobre), pour obtenir du conseil l'arrêt du 7 août 1785; et la bonne foi, ainsi que l'erreur, de ces honorables membres, se trouve clairement exprimée, quand ils avouent que *cette masse n'est cependant pas aussi effrayante en réalité qu'elle l'est en apparence*, LES REVENTES MULTIPLIÉES *du même objet faisant monter* LA SOMME TOTALE *des marchés beaucoup au-dessus de celle des effets à livrer* (*ibid.*) Cet aveu est fait au moment où l'arrêt du 7 août précédent *a déjà fait* LIQUIDER *une partie des compromis ou marchés* (*ibid*); il est donc évident que la liquidation, à mesure qu'elle s'opérait, apprenait aux membres du conseil que cette masse d'obligations de livrer des effets publics n'était pas plus extraordinaire que la masse des obligations de payer des dettes commerciales, qui certes excède souvent, en un seul jour, dans Paris, tout le numéraire que possède la France, et qui pourtant se trouve liquidée, par l'extinction effective de toutes ces obligations, au moyen d'un faible mouvement de numéraire.

Supposez maintenant que la première personne, c'est-à-dire celle qui a vendu et n'a point acheté, celle qui, par conséquent, doit livrer en liquidation, à son acheteur ou au représentant ou cessionnaire de cet acheteur, refuse d'accomplir l'engagement qu'elle a contracté ; celui à qui la livraison doit être faite et qui a pour garans tous les cédans qui le précèdent, rachètera immédiatement au comptant la quantité d'effets qui devait lui être livrée : mais si, d'après le cours, il a été forcé de faire ce rachat à un prix plus élevé que celui auquel il avait acheté de son cédant, il est clair que celui-ci doit l'indemniser de cette perte qui provient de l'inexécution de l'obligation de livrer qu'il avait garantie, et que le recours s'exercera en remontant jusqu'au premier vendeur. Conséquemment, comme l'agent de change du premier vendeur représente et garantit son client, cet agent de change sera obligé de faire l'avance de la différence entre le prix de la vente et le prix du rachat ; soit qu'il effectue lui-même ce rachat pour livrer ce que son client ne lui livre pas, soit que le rachat ait été fait par le cessionnaire à qui le droit de réclamer la livraison avait été transmis ; et, en définitive, c'est le client qui devra rembourser à son agent l'indemnité dont cet agent a fait l'avance.

Si, au contraire, c'est le dernier acheteur, lequel a acheté et n'a point vendu, qui refuse d'accomplir son engagement, c'est-à-dire de payer les effets qu'il a achetés, alors le vendeur primitif, qui est prêt à en faire la livraison, les revendra immédiatement ; et, s'il les revend à perte, il réclamera la différence contre son acheteur, et le recours s'exercera, d'acheteur en acheteur, jusqu'à l'agent de change de celui qui doit payer et qui s'y refuse; cet agent de change avancera donc la différence entre le prix qu'il avait promis et le prix de la revente; ou plutôt, comme il représente son client, il prendra livraison et payera le prix de ses deniers, mais il revendra immédiatement l'effet qui lui est livré; et ensuite il réclamera contre son client la différence entre le prix qu'il tire de la revente, et le prix qu'il a déboursé en prenant livraison.

Or, dans l'un et l'autre cas, le marché originaire est réel et sérieux; le second marché, c'est-à-dire le rachat fait aux risques du vendeur qui ne livre pas, ou la vente opérée pour le compte de l'acheteur qui ne paye pas son prix, est également un marché sérieux et réel; les effets ont été réellement livrés; le prix a été réellement payé; mais comme le prix, payé d'une part, a été et a dû être nécessairement recouvré en partie d'un autre côté, il est tout simple que le client ne reste débiteur que d'une *différence*.

Il est donc bien inexact de dire qu'*en ne réclamant contre son client que la* DIFFÉRENCE *du prix d'achat au prix de revente, l'agent de change fournit la preuve qu'il n'avait pas* RÉELLEMENT *acquis pour son client la quantité de rentes énoncée au marché*, et que ce n'est qu'un marché *fictif*. (Arr. de la C. R. de Paris, 19 août 1823; Cass., 11 août 1824; Merlin, *loc. cit.*).

Mais quoi? si, ayant donné mandat à mon commissionnaire d'acheter en son nom et pour mon compte dix milliers de cuivre livrables à jour fixe, avec promesse de lui envoyer les fonds nécessaires pour les payer comptant, le jour de la livraison arrive sans que j'aie fait l'envoi de fonds auquel je m'étais engagé, ce commissionnaire, qui a traité en son nom, sera tenu de prendre livraison et de payer comptant; mais il aura le droit de revendre sur-le-champ les dix milliers du cuivre qui ne doivent pas rester à ses risques; et alors que réclamera-t-il contre moi? la *différence* entre le prix d'achat et le prix de revente, s'il en est résulté de la perte.

De ce qu'il ne réclame qu'une *différence*, s'ensuit-il qu'il n'est intervenu entre nous qu'un marché *fictif?* On l'a cru, on l'a dit (*ibid.*, et Coffinières, *de la Bourse*, p. 92); mais c'est une erreur matérielle.

C'est donc une vérité certaine, qu'en cherchant à justifier les prohibitions du législateur par des argumens de droit, les membres du conseil se sont laissé séduire par une proposition inexacte, et les arrêts des Cours se sont fondés sur une hypothèse erronée.

Quant au motif du législateur, il n'a jamais varié : En 1724, en 1785, en 1793, en l'an III, en l'an IV, en l'an X, en 1807, en 1810, les mesures de la loi sont dirigées contre ceux qui vendent ce qu'ils ne possèdent pas; parce que vendre ce qu'on n'a pas dans l'intention de l'acheter ensuite à meilleur marché, c'est spéculer à la baisse, et que le spéculateur à la baisse est intéressé à se livrer en outre à des opérations accessoires, **dans le but de déterminer la baisse sur laquelle il a** spéculé.

Mais, depuis 1810, la position du gouvernement est bien changée. Jusque-là, il s'était alarmé des spéculations; aujourd'hui il **ne les redoute plus,** et il les désire. Il s'était effrayé, parce **que** les accaparemens n'étaient pas impossibles; parce **que** les opérations simulées, que le spéculateur combinait contre la marche naturelle des cours, pouvaient en effet les maîtriser; mais il n'y a plus lieu de concevoir de semblables craintes; la masse des effets publics est si immense, et les capitaux y sont tellement engagés dans les divers États qui ont eu recours au crédit, que nul spéculateur, nulle association même, ne peut espérer de dominer le **cours** de la Bourse; de déprécier, d'une manière durable, le prix des créances dues par un État dont la prospérité est garantie par une administration honorable.

Le gouvernement désire les spéculations, du moment qu'il ne les craint plus, parce que le mouvement qu'elles produisent attire les capitaux que le gouvernement appelle quand il sollicite un emprunt. Les spéculations à la baisse excitent les spéculations à la hausse; ces efforts en sens contraire amènent des fluctuations trop faibles pour détruire la marche générale du cours et altérer profondément la valeur de l'effet, mais suffisantes pour servir d'appât aux capitalistes, et, par les spéculations, multiplier les placemens,

Aussi le gouvernemet a toléré d'abord, puis encouragé et favorisé, par des moyens plus ou moins directs, ce qui est prohibé par des lois dont il n'a point provoqué l'abrogation.

Or, quand une loi est impuissante et inexécutée quand elle est altérée par des exceptions obscures et incohérentes; quand l'autorité se prête à ce que cette loi défend; quand le gouvernement est intéressé à ce qu'elle soit méconnue; quand la jurisprudence abandonne le principe du législateur et en suit un autre, mais quand en même temps, elle fonde l'application de cette règle sur une erreur de fait; alors il semble que l'équité, le bon ordre, la loyauté exigent que le gouvernement s'empresse de solliciter l'abrogation de cette législation vicieuse.

Chaque jour, à la Bourse, on transgresse publiquement la loi qui défend les marchés à terme d'effets que le vendeur ne possède pas; et la loi qui interdit à l'agent de change de garantir l'exécution des marchés dans lesquels il s'entremet. Retirez ces prohibitions. Que restera-t-il? la coutume, dans toute sa liberté.

On l'étudiera alors, on voudra la connaître. Certes, l'intérêt ne manquera point à cette étude. On jugera la différence entre l'œuvre lente de la coutume et le confus assemblage de la législation.

Malgré les entraves de la loi et de la jurisprudence, la coutume s'est développée; elle a favorisé, avec des élémens qui lui sont propres, un ordre simple, invariable et sûr, dans lequel viennent se réunir, se classer et se résoudre, les opérations les plus nombreuses, les plus étendues et les plus compliquées; plus libre, elle pourra peut-être encore tout à la fois le simplifier et l'agrandir.

Bien long-temps avant que Charles IX les eût érigé en *tiltre d'office*. (Édit de juin 1572; Man. des Agens de change, p. 1), la coutume commerciale avait établi des *courretiers de change et de banque*; en France, comme en Italie, elle avait reconnu l'utilité des *agens intermédiaires*.

L'idée fondamentale de cette institution fut que l'agent intermédiaire devait s'abstenir de faire le commerce pour son compte. La loi a adopté ce principe, qui n'a jamais été ébranlé (1); l'arrêt du conseil du 30 août 1720, art. 7; et la loi du 8 mai 1791, art. 7 (2), déclarent *nuls* les engagemens de commerce contractés pour leur compte par les agens intermédiaires.

Mais le législateur paraît avoir confondu avec cette idée, celle qui consiste à interdire aux agens intermédiaires tout engagement personnel. Ce sont cependant deux idées bien distinctes; et la coutume commerciale ne les a point confondues.

Elle a reconnu qu'il était bon d'interdire tout engagement personnel aux agens intermédiaires quand

---

(1) Ord. de 1629, art. 416; de 1673, tit. 2, art. 1 et 2, etc.; C. de C. art. 85.

(2) Man. des Ag. de ch., p. 55, et 181.

ils ne font que mettre en rapport deux parties qui traitent ensemble directement : tels sont aujourd'hui les courtiers de marchandises.

Mais quand la coutume a établi que l'une des parties, ou toutes deux, restent inconnues, elle a établi aussi que l'agent intermédiaire représentait et garantissait la partie qui ne figurait point dans le marché ; qu'alors, comme tout commissionnaire (C. de Com. art. 91), il traitait en son nom, quoiqu'il ne traitât point pour son compte.

Dans une branche de commerce qui est loin d'avoir atteint le degré d'extension auquel elle est appelée, la coutume, secondée par l'autorité locale, mais sans l'intervention de la loi, a institué *les facteurs de la Halle au blé* ; ce sont des *agens intermédiaires*, en nombre limité, à qui il est interdit de vendre ou d'acheter pour leur compte, mais qui achètent seuls, à la halle au blé, pour le compte de cliens qu'ils ne nomment pas, et dont ils sont *garans*, tous les blés et farines qui y sont apportés des environs de la capitale.

De même, le secret étant, d'après la coutume (1), la règle première des opérations de bourse, il s'ensuit nécessairement que les deux agens de change sont, l'un et l'autre, garans du client que chacun d'eux représente.

Ainsi, en vertu de la coutume, encore plus que de la loi, les agens de change sont les intermédiaires

---

(1) *Voyez* Arrêt du 24 mars 1711 ; Manuel des agens de ch.; p. 33.

nécessaires et exclusifs de toute opération sur les effets publics. Suivant la coutume, nul marché ne peut se faire qu'en leur nom; aucun ne peut être fait pour leur compte : mais, dans tout marché, traitant en leur nom, ils sont personnellement obligés, sauf leur recours contre le client qui leur a donné mandat pour opérer.

Il semble qu'en discernant ces nuances, la coutume s'est montrée plus exacte et plus judicieuse que le législateur. Car, de l'idée d'*agent intermédiaire*, on déduit avec justesse la prohibition **de** commercer pour son compte; comment celui qui fait profession d'être le mandataire de quiconque le réclame, pourrait-il remplir son devoir s'il mettait son intérêt en opposition avec l'intérêt de son commettant? mais on n'en déduit pas nécessairement la prohibition de contracter aucun engagement de garantie. Que l'on ait décidé que cet engagement devait être interdit quand la nature de l'entremise ne le rend pas nécessaire, on conçoit la sagesse de cette mesure; mais quand l'entremise ne se borne point à mettre les parties en présence, et quand l'usage veut que le commettant ne soit pas connu, alors c'est une autre classe d'agens intermédiaires; et la conséquence forcée de l'usage, c'est que l'agent intermédiaire s'oblige en son nom, puisqu'il ne fait point connaître le nom de son client.

Ainsi constituée par la coutume, et malgré la loi, la compagnie des agens de change assure à la

Bourse de Paris une organisation qui peut servir de modèle aux autres capitales.

Une discipline intérieure, qui sera d'autant plus sévère et plus minutieuse que les opérations seront elles-mêmes moins en opposition avec la loi, a maintenu dans la compagnie les principes d'une loyauté et d'une justice éclairée ; en telle sorte que, dans la multiplicité extrême des opérations, il n'y a eu que bien peu de sujets de plainte à noter, soit de la part d'agens de change entre eux , soit de la part dés cliens contre les agens de change.

Aujourd'hui, qu'il faut bien reconnaître l'impuissance des prohibitions, un examen attentif produira la conviction que la compagnie des agens de change est le seul et le plus puissant obstacle aux spéculations excessives ; en effet, la coutume ayant exigé que toute opération sur les effets publics se fît par l'entremise d'un agent de change qui représente et garantit son client, il est clair que cette nécessité de trouver un garant restreint et limite les opérations du spéculateur.

Sans doute il peut encore exposer et perdre tout ce qu'il possède ; mais quand les agens de change à qui il s'est adressé, ont agi loyalement et n'ont pas excité en lui la passion des entreprises hasardeuses , il semble que la morale publique est moins blessée par le jugement qui le condamne à payer la perte dont son agent de change a fait l'avance, que par le jugement qui l'en affranchit.

Indépendamment de ces conceptions d'organisation , si justes , si bien déduites des données premières , la coutume a distingué et réglé , par des moyens non moins ingénieux, les rapports qui naissent d'opérations fort compliquées.

C'est une mesure bien utile que d'avoir établi , d'un commun accord , un terme fixe et général pour tous les marchés qui ne sont point au comptant; savoir : la fin du mois. De là résulte la facilité de la liquidation d'une masse énorme d'opérations qui se croisent.

Cette convention n'a point porté atteinte au droit d'escompter la vente faite à terme; et l'escompte , reçu et rendu successivement , a amené une liquidation partielle analogue à la liquidation générale.

Le contrat de *report* , fondé sur la simultanéité de deux marchés à terme différent, est l'idée la plus féconde que le commerce ait produite; c'est à l'aide du *report* que, pour satisfaire aux besoins chaque jour renouvelés de la spéculation, les capitaux circulent sans cesse du coffre du capitaliste dans la caisse du commerçant propriétaire des rentes , et que le commerçant peut ne reverser ces capitaux dans le coffre du capitaliste qu'à l'époque où, ayant terminé ses opérations, il lui convient de rentrer dans les effets publics.

Enfin les *noms* offrent l'invention nouvelle d'un papier transmissible , analogue au billet à ordre , mais avec une combinaison jusque-là inconnue ; c'est que les *noms* sont un double titre; avant d'avoir circulé , ils constatent à la fois l'obligation du si-

gnataire, qui consiste à payer le prix, et l'obligation du preneur, c'est-à-dire de celui à qui les
noms ont été remis, qui consiste à livrer la rente ;
en sorte qu'à chaque endossement, le cédant, qui
déjà, en recevant les *noms*, a ontracté l'obligation de livrer la rente, d'une part, demeure garant
de cette obligation envers le signataire, et, de
l'autre, s'oblige envers son cessionnaire à lui garantir le payement du prix ; ainsi, quand les *noms*
cessent de circuler le signataire a pour obligé à la
livraison, le dernier porteur ; et, pour garans, tous
les endosseurs précédens jusqu'au preneur ; le dernier
porteur a pour obligé au payement, le signataire ;
et, pour garans, tous les endosseurs, depuis son cédant, dernier endosseur, jusqu'au preneur à qui
les *noms* ont été remis.

Telle est l'œuvre de la coutume ; ici, comme
ailleurs, tout y est lié, tout s'enchaîne, tout est en
harmonie. Elle a posé et développé les règles sur
les opérations de bourse, avec autant de justesse
que celles sur les sociétés, sur les contrats de
change, de prêt à la grosse, d'assurance ; évidemment c'est là qu'est la source du droit, et non dans
des lois contradictoires ou dans des arguties sur le
texte du législateur.

Si les observations qui précèdent sont fondées, il semble qu'il est aussi urgent qu'il serait équitable de réformer la loi en la modelant sur la coutume.

Que l'on veuille bien relire, dans *le Moniteur* du 28 février 1826, la séance de la chambre des députés (1) du 27 du même mois, et l'on verra que c'est en ce sens précisément que M. Casimir Périer appelait l'intervention du législateur sur les opérations de la Bourse : « Messieurs, dans une législation qui a des rapports avec des besoins journaliers, avec des intérêts positifs, il faut que la loi, si elle existe, soit exécutée, ou bien qu'elle soit abrogée ou modifiée. Il est impossible que, dans l'état actuel du crédit en France, la législation ne soit pas modifiée sur ce point. »

Abroger les dispositions qui prohibent les marchés à terme et la garantie donnée par l'agent de change pour le client qui doit rester inconnu, telles sont les réformes indiquées, non pas par une sim-

----

(1) Discussion sur la pétition de M. Riboulleau, tendant à demander la prohibition efficace des marchés à terme. L'Opposition atta_quait le syndicat des receveurs généraux : la droite insistait dans le sens de la pétition : M. Casimir Périer disait : Le « syndicat fait ce que je fais moi-même, ce que fait toute la Banque, des reports, et conséquemment des marchés à terme : or ces opérations sont contraires aux lois, je le déclare : réformez donc cette législation vicieuse, ou détruisez votre syndicat. »

ple tendance de l'opinion, mais par une coutume désormais indestructible, qui a fondé et organisé un système dont toutes les parties se tiennent et sont liées l'une à l'autre par un ciment que la main du législateur n'a jamais pu briser, l'intérêt immédiat de la portion la plus active de la société.

Ce ne sera point encourager les spéculations imprudentes; car les opérations de bourse se pratiquent aussi librement, aussi publiquement que si elles n'étaient point prohibées; à peine sait-on que la loi les défend.

Sans doute les premières années du système de crédit adopté par le gouvernement ont vu de nombreux et tristes exemples de désastres causés par des spéculations exagérées; elles offrent un danger sur lequel on s'aveugle facilement, et qui d'abord n'était pas bien compris. Mais ces malheurs sont devenus plus rares; la liberté de fait dont a joui la Bourse a mieux éclairé le public que les prohibitions de la loi.

En déclarant *dettes de jeu* les dettes qui résultent de spéculations de bourse, la loi n'a servi qu'à leur conférer un privilége; car il est dans les mœurs françaises de payer, avant tous, le créancier qui n'a point d'action en justice.

La loi a fait plus; elle a inventé et défini le *délit d'agiotage.*

Mais les maisons les plus respectables de la capitale commettent tous les jours ce délit caractérisé par la loi ; elles attestent par des parères célèbres que des opérations marquées de ce caractère sont loyales, utiles et même nécessaires.

N'est-il pas temps de reconnaître que ces lois de colère ont violé le droit; que, dans l'application on s'est mépris sur leur but; et qu'aux motifs politiques qui ont suggéré la prohibition, il en a succédé d'autres qui, d'accord avec le droit, réclament la liberté?

TABLE.

PIÈCE JUSTIFICATIVE.

Parère sur les marchés à terme signé en 1824.

F. 10,000 de rente 5 pour cent à 100 f. 50. F. 201,000

Le trente-un octobre prochain, ou plutôt à volonté, je transférerai à M. ... la somme de dix mille francs de rente, cinq pour cent consolidés, contre le payement qu'il me fera de la somme de deux cent un mille francs.

Fait double à Paris, ce....　　　　*Signé ...*

Nous, banquiers, négocians, commerçans et capitaines soussignés,

Certifions,

1. Que la formule d'engagement énoncée ci-dessus est la seule en usage pour les opérations faites à la Bourse, sous la désignation de marchés *fermes*, ou opérations *à terme;*

2. Que, dans toutes ces opérations, sans en excepter aucune, le vendeur seul accorde terme à l'acheteur, et que celui-ci peut se faire livrer les effets par lui achetés à sa première réquisition ;

3°. Que les marchés dont il s'agit se liquident par la

livraison des effets vendus, soit qu'ils existent dans les mains du vendeur au moment où la livraison est exigée par l'acheteur, soit *que le vendeur les fasse acheter pour en opérer la livraison ;*

4°. Que, dans tous les cas, il y a toujours, d'un côté, l'achat d'une chose qui doit être payée, et de l'autre la vente d'une chose qui doit être livrée; ce qui ne permet pas d'envisager ces sortes d'opérations comme des paris sur le cours des effets publics ;

5°. Que les marchés à terme, appelés *marchés fermes,* tels qu'ils sont en usage aujourd'hui à la Bourse de Paris, c'est-à-dire, restreints au terme de soixante jours, et soumis à la condition de la livraison anticipée lorsqu'elle est réclamée par l'acheteur, sont également dans l'intérêt du gouvernement et du commerce :

Du gouvernement, parce que l'état ne pourrait faire les négociations de rente nécessitées par le système de finances adopté maintenant, sans le secours de ces sortes de marchés, et cependant le système de finances, basé sur le crédit, est une des conditions principales de la force et de la puissance des gouvernemens modernes ;

Du commerce, parce que ces marchés donnent aux porteurs de rentes un moyen certain, expéditif et peu onéreux de se procurer, aussitôt qu'ils le veulent, les fonds dont ils ont besoin, en donnant pour garantie ces mêmes rentes; que, d'un autre côté, les capitalistes y trouvent le moyen de placer leurs fonds pour aussi peu de temps qu'ils le veulent, et avec la certitude d'y rentrer à leur volonté. Ainsi, d'un côté, les rentes deviennent un véritable signe représentatif et augmentent la masse des capitaux, et, de l'autre, tous les capitaux inactifs trouvent un emploi d'autant et d'aussi peu de durée qu'il convient à leurs possesseurs. Cette augmentation de signe représentatif et de capitaux circulans tend nécessairement à en faire baisser le prix, c'est-à-dire l'intérêt, et par-là rend au commerce le plus utile de tous les services.

Par ces motifs, les soussignés estiment que les marchés dont il est ici question sont indispensables dans la situation présente de la France, et que la jurisprudence adoptée par la cour royale (qui s'appuie sur d'anciens arrêts du conseil, rendus à une époque et dans des circonstances qui ne peuvent être assimilées en aucune manière à celles où nous nous trouvons), est en opposition avec les véritables intérêts politiques et commerciaux de notre pays.

Signés, J. Laffitte, Mallet frères, Rougemont de Lowenberg, Périer frères, Pillet-Will, Guérin de Foncin, L. Durand, J. Lefebvre, Dechapeaurouge, César de la Panouze, Gontard, J.-P. Chevals, Ardoin-Hubbard, Oppermann Mandrot, Thuret, Jonas Hagermann, André Cottier, A. Vassal, A. Odier, J.-A. Blanc-Colin, J.-G. Caccia, Gabriel Odier, J. Labat, etc., etc.

FIN.